基督教经典译丛

主编 何光沪
副主编 章雪富 孙 毅 游冠辉

Orthodoxy
回到正统

[英] 切斯特顿 著

庄柔玉 译

三联书店

Simplified Chinese Copyright © 2011 by SDX Joint Publishing Company. All Rights Reserved.

本作品中文简体版权由生活·读书·新知三联书店所有。未经许可,不得翻印。

图书在版编目(CIP)数据

回到正统／(英)切斯特顿著；庄柔玉译．—北京：生活·读书·新知三联书店，2011.5（2021.10重印）
（基督教经典译丛）
ISBN 978-7-108-03678-0

Ⅰ.①回… Ⅱ.①切…②庄… Ⅲ.①基督教－信仰－研究 Ⅳ.① B978

中国版本图书馆 CIP 数据核字（2011）第 033387 号

丛书策划	橡树文字工作室
责任编辑	张艳华
封面设计	罗 洪
责任印制	董 欢

出版发行 生活·讀書·新知 三联书店
　　　　　(北京市东城区美术馆东街22号)
邮　　编　100010
网　　址　www.sdxjpc.com
经　　销　新华书店
印　　刷　北京隆昌伟业印刷有限公司
版　　次　2011年5月北京第1版
　　　　　2021年10月北京第5次印刷
开　　本　635毫米×965毫米 1/16 印张12.5
字　　数　165千字
印　　数　17,001－22,000册
定　　价　38.00元

(印装查询：01064002715；邮购查询：01084010542)

基督教经典译丛

总　序

何光沪

在当今的全球时代,"文明的冲突"会造成文明的毁灭,因为由之引起的无限战争,意味着人类、动物、植物和整个地球的浩劫。而"文明的交流"则带来文明的更新,因为由之导向的文明和谐,意味着各文明自身的新陈代谢、各文明之间的取长补短、全世界文明的和平共处以及全人类文化的繁荣新生。

"文明的交流"最为重要的手段之一,乃是对不同文明或文化的经典之翻译。就中西两大文明而言,从17世纪初以利玛窦(Matteo Ricci)为首的传教士开始把儒家经典译为西文,到19世纪末宗教学创始人、英籍德裔学术大师缪勒(F. M. Müller)编辑出版五十卷《东方圣书集》,包括儒教、道教和佛教等宗教经典在内的中华文明成果,被大量翻译介绍到了西方各国,从徐光启到严复等中国学者、从林乐知(Y. J. Allen)到傅兰雅(John Fryer)等西方学者开始把西方自然科学和社会科学著作译为中文,直到20世纪末叶,商务印书馆、生活·读书·新知三联书店和其他有历史眼光的中国出版社组织翻译西方的哲学、历史、文学和其他学科著作,西方的科学技术和人文社科书籍也被大量翻译介绍到了中国。这些翻译出版活动,不但促进了中学西传和西学东渐的双向"文明交流",而且催化了中华文明的新陈代谢,以及中国社会的现代转型。

清末以来,先进的中国人向西方学习、"取长补短"的历程,经历了两大阶段。第一阶段的主导思想是"师夷长技以制夷",表现为洋务运动之向往"船坚炮利",追求"富国强兵",最多只求学习西方的工业技术和物质文明，结果是以优势的海军败于日本，以军事的失败表现出制度的失败。第二阶段的主导思想是"民主加科学"，表现为五四新文化运动之尊崇"德赛二先生"，中国社会在几乎一个世纪中不断从革命走向革命之后，到现在仍然需要进行民主政治的建设和科学精神的培养。大体说来，这两大阶段显示出国人对西方文明的认识由十分肤浅到较为深入，有了第一次深化，从物质层面深入到制度层面。

正如观察一支球队，不能光看其体力、技术，还要研究其组织、战略，更要探究其精神、品格，同样地，观察西方文明，不能光看其工业、技术，还要研究其社会、政治，更要探究其精神、灵性。因为任何文明都包含物质、制度和精神三个不可分割的层面，舍其一则不能得其究竟。正由于自觉或不自觉地认识到了这一点，到了20世纪末叶，中国终于有了一些有历史眼光的学者、译者和出版者，开始翻译出版西方文明精神层面的核心——基督教方面的著作，从而开启了对西方文明的认识由较为深入到更加深入的第二次深化，从制度层面深入到精神层面。

与此相关，第一阶段的翻译是以自然科学和技术书籍为主，第二阶段的翻译是以社会科学和人文书籍为主，而第三阶段的翻译，虽然开始不久，但已深入到西方文明的核心，有了一些基督教方面的著作。

实际上，基督教对世界历史和人类社会的影响，绝不止于西方文明。无数历史学家、文化学家、社会学家、艺术史家、科学史家、伦理学家、政治学家和哲学家已经证明，基督教两千年来，从东方走向西方再走向南方，已经极大地影响，甚至改变了人类社会从上古时代沿袭下来的对生命的价值、两性和妇女、博爱和慈善、保健和教育、劳动和经济、科学和学术、自由和正义、法律和政治、文学和艺术等等几乎所有生活领域的观念，从而塑造了今日世界的面貌。这个诞生于亚洲或"东方"，传入了欧洲或"西方"，再传入亚、非、拉美或"南方"的世界第一大宗教，现在因为信众大部分在发展中国家，被称为"南方宗教"。但是，它本来就不属于任何一"方"——由于今日世界上已经没有一个国家没有其存在，所以它已经不仅仅在宗教意义上，而且是在现实意义上展现了它"普世宗教"的本质。

因此，对基督教经典的翻译，其意义早已不止于"西学"研究或对西方文明研究的需要，而早已在于对世界历史和人类文明了解的需要了。

这里所谓"基督教经典"，同结集为"大藏经"的佛教经典和结集为"道藏"的道教经典相类似，是指基督教历代的重要著作或大师名作，而不是指基督徒视为唯一神圣的上帝启示"圣经"。但是，由于基督教历代的重要著作或大师名作汗牛充栋、浩如烟海，绝不可能也没有必要像佛藏道藏那样结集为一套"大丛书"，所以，在此所谓"经典译丛"，最多只能奢望成为比佛藏道藏的部头小很多很多的一套丛书。

然而，说它的重要性不会"小很多很多"，却并非奢望。远的不说，只看看我们的近邻，被称为"翻译大国"的日本和韩国——这两个曾经拜中国文化为师的国家，由于体现为"即时而大量翻译西方著作"的谦虚好学精神，一先一后地在文化上加强新陈代谢、大力吐故纳新，从而迈进了亚洲甚至世界上最先进国家的行列。众所周知，日本在"脱亚入欧"的口号下，韩国在其人口中基督徒比例迅猛增长的情况下，反而比我国更多更好地保存了东方传统或儒家文化的精粹，而且不是仅仅保存在书本里，而是保存在生活中。这一事实，加上海内外华人基督徒保留优秀传统道德的大量事实，都表明基督教与儒家的优秀传统可以相辅相成，这实在值得我们深长思之！

基督教在唐朝贞观九年（公元635年）传入中国，唐太宗派宰相房玄龄率官廷卫队到京城西郊欢迎传教士阿罗本主教，接到皇帝的书房让其翻译圣经，又接到皇官内室听其传讲教义，"深知正真，特令传授"。三年之后（公元638年），太宗又发布诏书说："详其教旨，玄妙无为；观其元宗，生成立要。……济物利人，宜行天下。"换言之，唐太宗经过研究，肯定基督教对社会具有有益的作用，对人生具有积极的意义，遂下令让其在全国传播（他甚至命令有关部门在京城建造教堂，设立神职，颁赐肖像给教堂以示支持）。这无疑显示出这位大政治家超常的见识、智慧和胸襟。一千多年之后，在这个问题上，一位对中国文化和社会贡献极大的翻译家严复，也显示了同样的见识、智慧和胸襟。他在主张发展科学教育、清除"宗教流毒"的同时，指出宗教随社会进步程度而有高低之别，认为基督教对中国民众教化大有好处："教者，随群演之浅深为高下，而常有以扶民性之偏。今假景教大行于此土，其能取吾人之缺点而补苴之，殆无疑义。且吾国小民之众，往往自有生以来，未受一言之德育。一旦有人焉，临以帝天之神，时为耳提而面命，使知人理之要，存于相爱而不欺，此于教化，岂曰小补！"（孟德斯鸠《法意》第十九章十八节译者按语。）另外两位新文化运动的领袖即胡适之和陈独秀，都不是基督徒，而且也批判宗教，但他们又都同时认为，耶稣的人格精神和道德改革对中国社会有益，宜于在中国推广（胡适：《基督教与中国》；陈独秀：《致〈新青年〉读者》）。

当然，我们编辑出版这套译丛，首先是想对我国的"西学"研究、人文学术和宗教学术研究提供资料。鉴于上述理由，我们也希望这项工作对于中西文明的交流有所贡献；还希望通过对西方文明精神认识的深化，对于中国文化的更新和中国社会的进步有所贡献；更希望本着中国传统中谦虚好学、从善如流、生生不已的精神，通过对世界历史和人类文明中基督教精神动力的了解，对于当今道德滑坡严重、精神文化堪忧的现状有所补益。

尽管近年来翻译界出版界已有不少有识之士，在这方面艰辛努力，完成了一些极有意义的工作，泽及后人，令人钦佩。但是，对我们这样一个拥有十几亿人口的千年古国和文化大国来说，已经完成的工作与这么巨大的历史性需要相比，真好比杯水车薪，还是远远不够的。例如，即使以最严格的"经典"标准缩小译介规模，这么一个文化大国，竟然连阿奎那（Thomas Aquinas）举世皆知的千年巨著《神学大全》和加尔文（John

Calvin)影响历史的世界经典《基督教要义》,都尚未翻译出版,这无论如何是令人汗颜的。总之,在这方面,国人还有漫长的路要走。

本译丛的翻译出版,就是想以我们这微薄的努力,踏上这漫长的旅程,并与诸多同道一起,参与和推动中华文化更新的大业。

最后,我们应向读者交代一下这套译丛的几点设想。

第一,译丛的选书,兼顾学术性、文化性与可读性。即从神学、哲学、史学、伦理学、宗教学等多学科的学术角度出发,考虑有关经典在社会、历史和文化上的影响,顾及不同职业、不同专业、不同层次的读者需要,选择经典作家的经典作品。

第二,译丛的读者,包括全国从中央到地方的社会科学院和各级各类人文社科研究机构的研究人员,高等学校哲学、宗教、人文、社科院系的学者师生,中央到地方各级统战部门的官员和研究人员,各级党校相关教员和有关课程学员,各级政府宗教事务部门官员和研究人员,以及各宗教的教职人员、一般信众和普通读者。

第三,译丛的内容,涵盖公元1世纪基督教产生至今所有的历史时期。包含古代时期(1—6世纪),中古时期(6—16世纪)和现代时期(16—20世纪)三大部分。三个时期的起讫年代与通常按政治事件划分历史时期的起讫年代略有出入,这是由于思想史自身的某些特征,特别是基督教思想史的发展特征所致。例如,政治史的古代时期与中古时期以西罗马帝国灭亡为界,中古时期与现代时期(或近代时期)以17世纪英国革命为界;但是,基督教教父思想在西罗马帝国灭亡后仍持续了近百年,而英国革命的清教思想渊源则无疑应追溯到16世纪宗教改革。由此而有了本译丛三大部分的时期划分。这种时期划分,也可以从思想史和宗教史的角度,提醒我们注意宗教和思想因素对于世界进程和社会发展的重要作用。

中国人民大学宜园
2008年11月

目　录

欢笑的先知：切斯特顿（中译本导言）……………………（杨腓力）1
序　言 ………………………………………………………………… 1

第一章　绪论：为一切其他的辩护 ……………………………………… 1
第二章　疯子 ……………………………………………………………… 7
第三章　思想自尽 ………………………………………………………… 25
第四章　仙域的伦理 ……………………………………………………… 45
第五章　世界的旗帜 ……………………………………………………… 67
第六章　基督教的吊诡 …………………………………………………… 85
第七章　永恒的革命 ……………………………………………………… 111
第八章　正统信仰的浪漫 ………………………………………………… 137
第九章　权力与探险家 …………………………………………………… 155

浮荡于喜乐的半空：阅读与翻译本书的乐趣（译后记）……………… 177

欢笑的先知：切斯特顿*
（中译本导言）

有人问切斯特顿，假如他的船搁浅在荒岛上，他最希望随身带着的是哪一本书？切斯特顿不假思索地答道："这还用说，当然是《造船术实用指南》(A Practical Guide to Shipbuilding)！"假如搁浅的是我，而又容许我在圣经之外携带一本书，我会选择正在你手上的这本切斯特顿属灵自传《回到正统》。我不晓得怎会有人拿起书名如此骇人的一本书，我只知道自从某天翻开这本书，我的信仰便不再一样。《回到正统》为我的信仰带来生气及全新的探险精神；作者虽然是维多利亚时代一个重达三百磅、思想"多焦"的新闻工作者，然而，我个人的心灵探索历程，竟与作者有着奇特的相似之处。

有时候，切斯特顿被称为"没有大师级作品的大师"，这也许是新闻工作这个特定职业带给他的咒诅。他一生大部分时间都是一份思想周报的编辑，写过四千篇题目或琐碎或重要的文章。当现代主义、共产主义、法西斯主义、和平主义、决定论、达尔文主义及优生学等思潮锋芒崭露，他跨越了由19世纪到20世纪的转变期。他检视每一种思想，然后发现自己愈来愈靠近基督教，认为它是唯一能抵御这些强大力量的堡

---

* 本文改写自杨腓力（Philip Yancey）《灵魂幸存者：他们助我跨越信仰危机》（Soul Survivor: How My Faith Survived the Church, Doubleday, 2001）其中一章，已获授予版权。版权所有。

至。最终他接受了基督教信仰,不仅因为基督教是文明的支柱,更是因为它表达了世界最深邃的真理。他在一个多半是新教徒的国家,公开受洗加入罗马天主教会。

作为一个思想家,切斯特顿起步较慢。他直到九岁才会阅读,父母曾就他的智能问题求教于脑科专家。他读过艺术学校,但中途辍学,一生并未读过大学。后来的事实却显示,他有惊人的记忆力,年届高龄还能详述成千上万个曾阅读或评论过的故事情节。他写了5部小说、200篇短篇故事,其中包括一系列以布朗神父(Father Brown)为主要人物的侦探小说;又试写过戏剧、诗歌、民谣。此外,他还撰写了勃朗宁(Robert Browning)、狄更斯(Charles Dickens)等的人物传记,书写了英国的历史,撰述了圣法兰西斯、阿奎那和耶稣的生平故事。虽然因写作的速度极快,弄错了不少事实,但他处理问题的那份洞察力、热忱、机智,令最苛刻的批评者也不得不站直身子,拍手叫好。

切斯特顿间或到欧洲旅游,又曾横渡大西洋到美国观光[促成了《我在美国的见闻》(What I Saw in America)一书的诞生]。不过,他大部分时间都待在家中,广泛阅读,写下所接触的一切。那些欢闹的探险历程,大多发生在他巨大而不修边幅的脑袋瓜里。虽然这样,说切斯特顿对别人影响深远,绝非过誉之辞。甘地(Mahatma Gandhi)从切斯特顿汲取了许多印度独立的思想;柯林斯(Michael Collin)从他的一篇小说得着争取爱尔兰独立的灵感;而C. S. 路易斯也以切斯特顿为属灵的启蒙老师。

当我初次认识切斯特顿,他已离世逾三十年了;但他复兴了我垂死的信仰,一如他对许多其他人的感染。"我正是那个可笑的人,付上无比的勇气,只不过发现了前人早已发现的事物。"切斯特顿欢欣鼓舞地宣称:"我的确试过建立自己的一套异端邪说;却在最后修订的阶段,发现那原来就是正统信仰。"

切斯特顿把今生视作一场宇宙的海难,寻找意义的人仿如从酣睡中醒来的水手，赫然发现珍宝散布各处，而这些珍贵物品正是一个他几乎想不起的文明遗下的残迹。他把金币、罗盘、华丽服饰等残片逐一捡起，试着理出头绪。堕落的人类就是处于这样的光景：大自然、美貌、情爱、喜乐等尘世间的美事仍然带着它们存在的原本意义的痕迹，但遗忘及失忆却玷污了神在其中的形象。

继《回到正统》后，我翻阅了许多切斯特顿的作品。（他写过上百本书，大部分作品都是由切斯特顿口述，秘书笔录，然后他在初稿上作少许改动。这可让身为作家的我足足沮丧了好几个星期。）那时候，我的写作正以痛苦为题，切斯特顿的小说《名叫星期四的人》(The Man Who Was Thursday) 对这个阴暗主题的处理，给予我很多灵感。令人惊讶的是，这本与《回到正统》风格迥异的书，竟是同年的作品。切斯特顿后来解释，他当时正苦苦纠缠于绝望、邪恶、人生意义中，甚至濒临精神崩溃。后来，他走出忧郁，设法在昏暗如斯的世界建立一个抱持乐观精神的理由。《回到正统》及《名叫星期四的人》就是他研读圣经《约伯记》的成果：一部是思辨曲折离奇的护教作品；另一部堪称结合间谍与梦魇的惊悚读物。

在《名叫星期四的人》中，切斯特顿并无贬低痛苦和自由意志那不可估量的奥秘，相反地，他把那些奥秘转化成维护信仰的论据。就是从最不利的一面看，即使世上仅存最低限度的美善，而大自然又只显露神的背面，这个宇宙仍然提供了信仰的理由。在神对约伯说的一番话中，他提及的并非友善的大自然，而是其凶猛狂野的一面——河马与鳄鱼、雷暴与风沙、母狮与山羊、野牛与鸵鸟。大自然呈现的不是别的，正是一个神秘、难以估量的神，一个"完全的他者"，配得人类的敬拜。对于现实的秘密，我们或许只能掌握一些线索，但那是何其玄妙的线索！切斯特顿后来解释："仅仅是存在，即缩减到最基本界限的存在，也玄妙得足以叫人兴奋不已。与虚无相较，任何事物都显得壮丽动人。"

对切斯特顿来说，也是对我来说，有神的谜团总较无神的答案令人满意。我同样相信，今生的美事是一场海难遗下的残迹，凭着这些光明的线索，人可窥见被黑暗笼罩的现实的真相。神以更多的问题回答约伯的问题，仿佛在说存在的真相远非我们所能理解。世上存留着的，除了是神原本设计的残迹之外，就是一种自由，一种选择相信或离弃这样的神的自由。

就此，切斯特顿感受到的是一份不搀杂的感激，他个人的响应正活现在一首短诗中：

> 另一天又将消失
> 其中我的眼睛、耳朵、双手健在
> 而伟大的世界就在身边
> 明天又是另一天的开始
> 为什么我能享有两天？

除了透彻了解人类的痛苦外，切斯特顿似乎深深为痛苦的对立面——喜乐——着迷。他认为唯物论太浅薄了，不能解释尘世偶尔乍现的惊诧与愉悦，这种感觉给性爱、分娩、艺术创作等人类的基本行为，赋予了一种近乎奇幻的色彩。

为什么性爱能带来乐趣？繁殖确实无须借助欢愉：有些动物只消分裂两半就可进行繁殖，人类甚至采用不牵涉快乐的人工受孕法，就能够繁殖下一代。为什么吃喝能令人陶醉？植物和低等动物没有味蕾的奢华，仍能摄取足够的营养。为什么要有缤纷的颜色？有些人不能辨别色彩，仍能生活安好，为什么偏偏要把影像弄得这样复杂？

读了无数本有关痛苦问题的书之后，我赫然发现自己从未碰上一本谈论喜乐的著作，亦从未遇过一位对人类喜乐的经验感到万分迷惘的哲学家。然而，喜乐耸现成为一个巨大的问题：相对于基督徒的痛苦，喜乐恰恰就是无神论者的困惑。在喜乐这个问题上，基督徒绝对可以轻松面对。一个良善而慈爱的神自然希望它创造的生物享受愉悦、欢乐和个人的满足感。我们基督徒一向以此为假设，然后寻找方法解释痛苦的起源。无神论者难道不应肩负同样的任务，解释在一个任意及无意义的世界中喜乐的由来？

踏上了漫长的心灵旅程后，切斯特顿重回信仰的怀抱，因为只有基督教能提供线索，解开这些残迹的奥秘："首先，我打从心底里感受到世界是不会自我解释的；……第二，我感到不可思议的力量应该蕴含意义，而意义背后应该有创造意义的人。世界上的事情有如带着个人色彩的艺术品；……第三，就那个用意而言，我认为最初的设计是美好的，尽管有一些瑕疵，例如怪兽，但瑕不掩瑜；第四，最恰当表达感激之心的方式是谦卑和节制：我们当感谢神赐予啤酒和勃艮第葡萄酒，但不喝太多，以示谢意，……最后一点，也是最奇怪的一点，我的脑海浮现了一个模糊而广泛的印象：从某方面来说，一切美善之事都是从原始时代的废墟中贮藏并神圣地保存下来的。人救回了自己的美善，有如鲁宾逊从破船中捡回自己的物品。"

切斯特顿气势磅礴地一下子助我们澄清了喜乐的问题。喜乐从何而来？切斯特顿探索了不同的可能性，最后认定基督教是喜乐存在世上唯一合理的解释。喜乐的时光正是一场海难后冲到岸边的残迹，是延伸于时间轴上天堂的碎屑。我们必须轻轻地处理这些遗物，一方面应当以谦卑和克制的心加以使用，另一方面则不应视之为我们应得的而加以夺取。

正如切斯特顿所观察的，性滥交不是高估而是降低了性的价值。"抱怨只能结婚一次就像抱怨只能出生一次，与当中涉及的无比兴奋绝不能相提并论。这个抱怨显示的不是对性的极端敏感，而是异乎寻常的不敏感……一夫多妻制就是对性缺乏认识；就像一个人心不在焉地采下五颗梨子一样。"

我所参加过的教会，一向都会大声疾呼强调享乐的祸害，以致我极少听到怀着盼望的信息。在切斯特顿的引导下，我渐渐地把性爱、金钱、权力及感官享受，视为神赐给人的礼物，但在堕落的世界，这些礼物有如易爆物一样必须小心处理。我们已失掉伊甸园未受污染的纯真，如今每件美好的事物同时意味着危险，潜伏着被滥用的危机。吃沦为暴食，爱变成淫欲，一路上，我们逐渐看不见赐给我们喜乐的是谁。古时的人把美好的事物变成偶像；如今，现代人称之为沉迷。这两种情况都显示，原来的仆人变成了暴君。

每逢周日，我扭开收音机或电视都会听见传道人谴责吸毒、淫荡、贪婪，以及在美国街道上肆无忌惮的罪行。对这些显然滥用了神恩赐的行为，除了表示责备之外，我们或许应该向世界展示这些恩赐其实从何而来，好在哪里。邪恶最大的胜利也许是把宗教描绘成享乐的敌人，真相却是：我们享受的一切，都是创造主慷慨地施与世界的。

"就'正常'一词的准确意义来说，我是正常的，"切斯特顿说，"意思是我接受秩序；对创造主和受造物的秩序，抱持一份正常的感激之情，接受创造、生命和爱是上天赐予人类永恒的美事，而婚姻和骑士制度是恰当地管理它们的法规。"在切斯特顿的影响下，我渐渐认识到一种要变得较"正常"的需要。从前，我把信仰视为一种寡言的、严酷的属灵操练，一种苦行主义与理性主义的结合，喜乐于是被白白浪费掉。切斯特顿使我重拾一种对生命活力的渴求，这种活力来自人与神的联系；正是神从无到有的创造，带给我世上万物的乐趣。

切斯特顿指出："一个人下跌的角度可以有无限个，但叫人站住的角度却只有一个。"他最终因身体过重"下跌"，无法取得他自己滔滔不绝宣讲的平衡。他不仅在不知不觉中采下五颗梨子，甚至全数吃掉。体重徘徊在三四百磅之间，加上健康欠佳，他被取消从军的资格。这使得他受到一次唐突无礼的对待。在第一次世界大战期间，一个老妇人在伦敦的街道上瞥见切斯特顿。这个爱国者愤愤不平地说："为什么你不在前线（out at the front）？"切斯特顿自若地答道："亲爱的女士，你如果稍稍站过这边一点，就会看见我正'身'在前线。"

独特的外形使切斯特顿成为伦敦讽刺漫画的宠儿。熟练的漫画家闲闲几笔，就可捕捉他的神韵：从侧面看，他就像一个巨型的大写字母P。这个特色，加上其他怪癖，使他的名声更为显赫。切斯特顿大部分古怪行为，跟典型的那种不修边幅、心不在焉的教授十分相似。他不结领带出席婚礼，鞋子上还黏着价签，灵感来了，他就随手捡起任何纸张，甚至是墙纸，草草写下笔记；有时候甚至浑然忘我地站在马路中央。有一次，他打电报给妻子："在哈伯勒市场（Market Harborough），该往何处？"她打电报回复："回家。"切斯特顿乐于跟当时的不可知论者和怀疑论者进行公开辩论，最著名的对手首推萧伯纳。那时候，一场信仰辩论足以叫演讲室座无虚席。切斯特顿经常迟到，到场后他透过夹鼻眼镜盯着自己那些凌乱的纸条，接着就开始娱乐他的观众：摆出一副紧张的神情，手指乱掏着口袋，用假音发出狂笑声。不负所望，他往往把观众都引到自己这一方，然后招待被他大惩小诫的对手到就近的酒吧庆祝。"萧伯纳就像米罗的维纳斯（Venus de Milo）像，他身上的一切都叫人赏心悦目！"说罢，就深情地为这个朋友干杯。

汉密尔顿（Cosmo Hamilton）是切斯特顿的一个辩论对手，以下是他描述的个人经验：

> 听着切斯特顿隆隆的笑声……看着他对我作出人身攻击后，笑弯了腰，目睹他密集地发出雌孔雀般喜乐的笑声，以运动员的精神令一群惊愕的观众沉醉在爆发的欢笑中；对诸神来说，这一切不失为一个奇景……对这个埋首字典的顽童、满口哲理的小飞侠彼得潘（Peter Pan）、幽默风趣的约翰逊博士（Dr. Johnson）、和善而华丽的小天使、渊博而有智慧的学者——我离开那房间时，多了一份自此与日俱增的尊敬和赞赏……何等怪异、巨大、奇妙、深刻、怡人！前所未闻，日后亦难得一见。

在切斯特顿的年代，严肃持重的现代人正寻求一种全新的统一理论，以解释过去，寄望将来。萧伯纳把历史视为阶级之间的斗争，提出一套社会乌托邦理论作为救世良方。根据韦尔斯（H. G. Wells）的诠释，过去正逐步往进步和启蒙演变与推移（一个大半个世纪以来饱受驳斥的观点）。弗洛伊德（Sigmund Freud）揭示了不受潜意识压抑和束缚的人类前景。讽刺的是，三位提倡进步的人都是面容严峻的。前额皱纹满布、一双瞳孔深沉而焦虑不安的他们，却娓娓陈述眼中乐观的前景。与此同时，面泛粉红的欣喜、眼睛闪闪发亮、不和谐的金胡子噗噗作响的切斯特顿，正快乐地捍卫原罪、最后审判等"反动"观念。在一个充斥着鄙视宗教的"有识之士"的社会，切斯特顿似乎本能地意识到，一个严峻的先知难以打动人心，他宁可扮演逗乐小丑的角色。

切斯特顿声称不信任"严厉、冷淡、瘦削的人"，这也许解释了我为什么愈来愈喜爱胖嘟嘟的、令人愉快的辩解者。今日的教会，正是严肃持重者的天下。福音派信徒是奉公守法的公民，大多数美国人都乐意与他们为邻，却不大情愿多花时间与他们相处。神学家拉长着脸，就"信仰当务之急"进行演说。电视布道家梳着一丝不苟的头发（往往还染上颜色），充满自信地点名谴责敌基督，预告世界末日何时来临，宣告怎样在这段时间活出丰盛而健壮的生命。宗教保守分子呼吁重整道德，基督徒普遍以节制、勤奋、功绩作为信仰的基本证明。

急于指出我们有多好的基督徒，也许忽略了一个基本事实：福音是带着"以善胜恶"（eucatastrophe）的姿态来到世上，那是一个极美好的事物临到极糟糕的群众身上的救赎时刻。"悔改的大多数"或"罪得赦免的大多数"，岂非较"道德高尚的大多数"更能准确界定基督徒的特质？

切斯特顿指出："基督教的理想，并不是经过试验后发现行不通，而是因为难以实现而没人尝试。"真正的问题不是："为什么这样糟糕的基督教竟自称美好？"反之，真正的问题是："为什么人世间的事情这么糟糕仍自称美好？"切斯特顿乐于承认教会大大有负福音所托。事实上，他指出，基督徒失败的见证，正是一个支持基督教信仰极有力的论据，这正好印证了圣经有关堕落和原罪的教导。世界出了问题，正证明了教会的基本教义是对的。

《伦敦时报》(*London Times*)邀请一些作家以"世界的问题出在哪里？"为题撰写文章。切斯特顿提供了最简短和切题的回答：

编辑先生：
　　在我。

切斯特顿

今天，切斯特顿仍可派上用场。当文化和信仰变得愈来愈互不相干，我们不妨汲取他的才华及他使人愉快的作风，尤其是他慷慨而愉悦的精神。当社会趋于两极化，就如我们的光景，文化与信仰仿佛站在一条大分水岭的两方，互相叫嚣。切斯特顿采取另一进路：他走到吊桥中央，向任何一位欲作战的武士大声挑战，然后，他使站在两方的人都纵声大笑。纵使有不少个人的怪癖，他却充分阐扬了基督教信仰；论机智、幽默感和纯粹的智力，绝不亚于任何一个晚近时代的人。任何人若斗胆把世界从神和道成肉身的教义分割开来，他乐于亲自或借文字接受其挑战，以骑士的热忱捍卫最后的一座堡垒。

切斯特顿自己曾说，带忧伤色彩的现代社会需要不一样的先知，以前的先知提醒人类大限将至，今日的先知该提醒人类死期未到。由那个腰围宽大、笑声澎湃的先知担此重任绝对绰绰有余。艾略特(T. S. Eliot)曾作以下的评论："说到确保现代社会一个重要的少数群体的生存……我认为他所做的较任何同年代的人都多。"我晓得他为我所做的，每当我感到信仰再次枯竭，就会走到书柜旁拿起一本切斯特顿的书；然后，探险之旅又重新展开了。

　　关于阅读切斯特顿的作品，不用说，我建议读者先看《回到正统》。你若喜爱这本书，可进而阅读《永在的人》（*The Everlasting Man*），切斯特顿在书中总结了耶稣的一生。《圣法兰西斯传》（*St. Francis of Assisi*）和《圣托马斯传》（*St. Thomas Aquinas: The Dumb Ox*）两部传记，也值得一读。此外，切斯特顿的文章已集结刊印成不同的书册。超级忠实的读者不妨留意伊格内修斯出版社（Ignatius Press）的一项浩大工程：《切斯特顿作品全集》（*The Collected Works of G. K. Chesterton*），其中35册已经面世。小说迷或可挑选《名叫星期四的人》及布朗神父小说系列。坊间有几部写得不错的切斯特顿传记，但论到娱乐性（或精挑细选），绝对比不上他亲自动笔的《我的自传》。最后，读者切勿遗漏了美国西顿大学（Seton Hall University）资料丰富的季刊《切斯特顿评论》（*Chesterton Review*）。

杨腓力（Philip Yancey，美国作家）

序　言

本书拟与《异教徒》①一书作为姊妹篇，使正反两面的信息相辅相成。不少评者抱怨《异教徒》一书只管批判流行的哲学，却没有提供自己的一套。本书正是要迎接这个挑战。

因此，本书不免显得积极乐观，又免不了带点自传性质。作者难免面对类似纽曼②撰写《生命之歌》的烦恼：作者为求真诚，不得不从自我出发。其他的事情也许并不一样，但两书的写作动机基本相同。本书的目的，不是阐释基督教信仰是否可信，而是旨在陈述作者个人相信基督教的理由。

因此，本书根据一个谜及其答案明确展示的基本信念加以铺排。书中首先谈及作者各种个人而真诚的猜测，然后指出基督教神学如何以叫人惊讶的方式，使一切疑团豁然开朗。

作者认为正统神学的思想相当于极富说服力的信条；若然不是真理，最低限度也不断重复地给人类带来巧合的惊喜。

切斯特顿（G. K. Chesterton）

---

① 《异教徒》（*Heretics*）一书，收录了切斯特顿针对当代流行的哲学（如集体主义、托尔斯泰主义、新封建主义、共产主义及无政府主义论点），以及追随的倡议者（吉卜林、韦尔斯、萧伯纳、摩尔等人）所作的评议文章。
② John Henry Newman（1801—1890），19世纪英国重要的宗教思想家之一，被誉为"伟大的英国人与圣徒"，1879年经罗马按立为红衣主教。《生命之歌》（*Apologia pro vita sua*，1864）为其个人的属灵自传。

第一章 绪论：
为一切其他的辩护

接受挑战，可谓这本书唯一存在、可被接受的理由。即使是最差劲的枪手，肯接受决斗，就是庄严高尚的。早些时候，我以"异教徒"为题，发表了一系列认真的急就文章。有几位我对他们的智力甚为尊敬的评者——特此一提斯特里特①先生——指出，由我来向所有人确认他的宇宙论固然不错，但我却巧妙地回避了用例子来支持我提出的规律。斯特里特说："若切斯特顿先生也提出他的哲学，我或会替自己的哲学担忧。"对一个太乐于写书来回应最轻微挑衅的人作出这样的提议，似乎有点儿轻率。毕竟，尽管斯特里特先生促成了本书的诞生，他本人却不一定要拿来翻阅。他若然不嫌弃翻开本书，就会发现我以一种较模糊和个人的方式陈述我相信的哲学；那不是一系列的推论，而是一组心灵的图画。我不会称之为哲学，因为不是我创出来的，那是神和人类共创的；而它创造了我。

我常幻想可写一个浪漫故事，主角是一个扬帆出海的英国人。由于稍稍算错航向，这个人以为自己发现了南太平洋的一座新岛屿，其实那只不过是英格兰而已。可是，我常发现自己不是太忙就是太懒于写精细的小说，于是只好放弃了以此来陈明我的哲学。一般认为，那个登陆南方海岛、全身武装（甚至以符号代替语言）、并在岛上的那座蛮族神殿插上英国国旗的人，会觉得自己是个傻瓜——他后来发现那座神殿是位于

---

① George Slythe Street（1867—1936），英国记者及短篇小说作家，文章散见当时报章之中，如 *The English-woman*，*The Wave*，*The Pall Mall Gazette* 等。

布莱顿（Brighton）的一座皇家行宫。在此，我并非想替这个看似傻瓜的人辩护。但假如你认为他以傻瓜自居，又或认为他彻头彻尾被一种愚蠢的感觉笼罩着，那么，你就未能充分感应故事主人翁那份极浪漫的情怀了。他犯了一个最惹人钦羡的错误；而他是晓得的，假如我没看错的话。还有什么更令人愉悦的事：在几分钟内同时享有出国迷人的惊骇及重回家乡温煦的安全感？还有什么更美好的事：既可充分陶醉在发现南非洲的乐趣中，又不用忍受必须登岸的厌烦？还有什么更壮丽的事：一鼓作气，务求发现新南韦尔斯（New South Wales）；然后热泪满眶，得悉那是原来的南韦尔斯？对我来说，这至少是哲学家面对的核心问题，而在某种意义上，也是本书要处理的核心问题。面对世界，我们怎能做到既感惊讶又觉熟稔？在这个古怪的宇宙城镇，住着有多条腿的公民、点燃着可怖的古老灯具；在这样的世界，我们怎能既有陌生城市的迷人感触，又有原居城市的舒适自豪？

要展示一个信仰或一种哲学在任何角度都是真确，绝对不是这样一本小书能够胜任的；即使以远较本书更长的篇幅，相信也不能完成任务。因此，我们有必要开辟一条讨论的路径，以下就是我提出的思路。我想阐明，我的信仰是特别就一种双重的灵性需要作出响应——一种拌和熟悉与不熟悉事物的需要，而基督教世界正确地称之为浪漫（romance），因为"浪漫"一词既折射了罗马古旧的一面，又带有罗马神秘的色彩。任何人若准备争论什么，最好事先指出他认为不必争论的是什么。提出拟论证的事物前，应该先陈明不打算论证的事物。我不打算证明的，是一种我提议该视之为自己和一般读者有共同基础的东西，那就是一种对积极和富想象力的生命的渴求，亦即是一种如画般优美、如诗般充满好奇的生命；一种像西方社会的人时刻想求的生命。要是有人说灭亡胜于存在，又或空白的存在犹胜多姿多彩的冒险经历，他就不是我所指的普通人。一个人如果什么都不要，那我们就什么都不能给他。然而，在我身处的西方社会中，差不多每个我遇见的人都不会反对一个普通的命题：我们的生命需要实际的浪漫，即稀奇与安全的结合。我们需要以既诧异又欢迎的心观看世界。我们需要乐游仙境而不耽于舒适。本书正是要道出这个信念是如何建立的。

前文提及那个扬帆出海发现英格兰的人，是有特别原因的，因为那人正是我，而我发现了英格兰。我不懂得如何令本书不流于自我中心，也不晓得（说真的）怎样下笔才不流于沉闷。沉闷的格局却可救我脱离一个我最感遗憾的指控——轻浮。浮浅的诡辩，是我最为鄙视的事情，却是对我最常见的指控，这也许已成为完整的事实。我最不屑一顾的，是似是而非的矛盾说法：那种为无可辩解之事所作的巧辩。

萧伯纳①先生假如（像一些人所说）靠矛盾的谬论维生，他应该绝对是一个众所周知的百万富翁，因为他的精神活力足以叫他每六分钟创造一个谬论。有如说谎般容易，因为是说谎。当然，实情是萧伯纳先生深受牵制，他断不能说谎，除非说的是真理。我深受同样叫人难以忍受的约束，一生中我从未说过任何只纯属有趣的空话；当然，我也有一般人的虚荣心，也会因为说了一些空话而自感有趣。描述跟狮身鹰首兽（griffin）和蛇发女怪戈耳工（gorgon）会面是一回事，两者都是不存在的生物；发现犀牛的确存在则是另一回事，这个发现叫人愉悦，因为犀牛看似已不存在。也许，寻找真理是指人想凭本能追寻较超乎寻常的真理。有些快活的人讨厌我写的东西，并（就我所知，持充分理由）视之为拙劣的小丑玩意儿或令人厌倦的笑话。我由衷地把这本书献给他们。

假如本书是个笑话，笑话的主角非我莫属。我正是那个可笑的人，付上无比的勇气，只不过发现了前人早已发现的事物。下文谈到的若含闹剧元素，闹剧的部分全靠我这个丑角来演活；因为本书将解释我如何

---

① George Bernard Shaw（1856—1950），爱尔兰剧作家及文评家、擅长幽默与讽刺的语言大师，1925年获诺贝尔文学奖。他的作品始于小说，但最突出的成就在戏剧，如《茶花女》、《窈窕淑女》等四十多部知名剧作。

幻想自己是踏足布莱顿的第一人，然后发现自己是最后的一个。本书详述了我在追寻明显不过的东西时笨拙得很的经历。那太荒唐可笑了，我比谁都体会得深切。读者不管是谁都不能指控我愚弄他们，因为我才是整个故事的大笨蛋，愚蠢地位无人能及。我毫不隐瞒个人19世纪末种种愚不可及的抱负。我跟其他认真的小男孩一样，试着走在时代最前；又跟他们一样，试着要早十分钟掌握真理。结果发现自己落后了一千八百年。我的确曾扯着喉咙，以少年人夸张的悲痛口吻述说我找到的真理。结果我受到惩罚，惩罚方式是最巧妙、最滑稽的：我自以为持守一己的真理，却发现那些真理倒是"真"的，但不属于我个人。我幻想自己孤单一人，其实却正处于一个荒谬的境地，整个基督教世界竟然支撑着我。我的确试过（请上帝宽恕）要做到独创，却只成功地自我创造了较现存的文明宗教次等的版本。那个扬帆出海的人自以为是发现英国的第一人；我自以为是发现欧洲的第一人。我的确试过建立自己的一套异端邪说，却在最后修订的阶段，发现那原来就是正统信仰。

这个快乐而可笑的结局，或许会给一些人带来娱乐，或许会为我的朋友或敌人带来欢笑，当他们看到我如何从流浪者传奇或一些主要哲学的谬误中慢慢认识真理；而那些事情该在自己的"教理问答"（Catechism）①中学懂——如果我曾经学会的话。看到我最终如何在无政府主义者（anarchist）的会所或巴比伦（Babylonian）的神殿中，发现在最邻近牧区的教堂唾手可得的真理时，读者或会、或不会感到有趣。读者若有兴趣看野地的花、公交车广告、政治意外、青年伤痛如何整合成一份对基督教正统信仰的确信，不妨阅读本书。世上每项事情都应该有合理的分工：我既然写了本书，再没有什么能劝诱我翻阅它了。

在此我得补上一个略为学究式的按语：一个该在书的开头出现的说

---

① 1646年英国清教徒完成《威斯敏斯特信条》后，根据该信条整理摘录了《教理问答》，作为帮助孩童及新信徒了解圣经核心要义的重要入门书。

明。本书各章拟讨论一个事实：基督教神学的核心思想，正是活力和正统伦理的最佳基础——这种思想的纲要充分见于《使徒信经》(Apostles' Creed)。本书不打算讨论一个精彩但截然不同的问题：当今宣称这个信条的权威何在？"正统信仰"一词，这里既指《使徒信经》(按历来——直至不久前——所有自称基督徒抱有的理解)，亦指一般持守《使徒信经》者的历史行为。碍于字数所限，我只能把范围收窄在我从这信条得着的真理，而不会触及信条背后现代基督徒争论不休的事情。本书只是松散的自传，不是传教的论著。若有人想知道我对有关权威本质的意见，只需请斯特里特先生再赐我战书，我自必另撰一书好好回敬。

第二章　疯　子

彻底世俗的人从不真正认识世界，只靠几条不真确的行为准则而活。记得有一次跟一个成功的出版商同行，他说了一句我常听到的话，那句话堪称现代社会的格言。正是因为听得太多了，我突然发现里头空无一物。出版商谈起某人时这样说："这个人会出人头地的，他相信自己。"还记得我抬起头听着的时候，瞥见一辆公共汽车上写有"汉韦尔"（Hanwell）①的字样。我对他说："你可知最相信自己的人在哪儿？让我告诉你吧。我晓得有人远比拿破仑或凯撒大帝更相信自己。我晓得肯定与成功之星火在哪里恒久燃烧着。我可带你到超人一族的宝座。所有真正相信自己的人全都在疯人院！"他语调温和地指出：毕竟有相当多相信自己的人不是在疯人院呢。"嗯，倒是有的，"我反驳："身为人类一分子，你该认识他们吧。那个你不会视他为一场阴郁悲剧的醉酒诗人，他相信自己。那个爱写史诗、你常避之则吉的年老部长，他相信自己。先别理会你那见不得人的个人主义哲学，尽管问问自己的处事经验，你就会发现'相信自己'是坏蛋（rotter）②最共同的特征。那些不会演戏的演员相信自己；那些欠债不偿的人相信自己。较真确的说法是，一个相信自己的人注定失败。绝对自信不仅是罪，而且是人性的软弱。毫不保留地相信自己就是一种歇斯底里的迷信，就像相信宗教狂热分子苏斯考特③一样：

---

① 伦敦一所精神病院，以"开明"见称。——译注
② 道德上该受谴责或在其他方面不受认同的人。——译注
③ Joanna Southcote（1750—1814），自称为先知，断言她将在1814年圣诞节生下新的弥赛亚，然后世界末日就来到。

在脸上写有'汉韦尔'字样的人，跟写在公交车上的同样清晰呢。"就以上种种，我的出版商朋友作了非常深入而有力的响应："那么，人要是不信自己，还可信什么？"良久，我才说："我回家写一本书解答你这个问题。"而本书正好就是那个写下来的答案。

我认为本书也许该从争论的开端入手——从疯人院的周边说起。现代的科学大师深信一切探问必须从一个事实开始。古代的宗教大师深有同感。他们从罪这个如马铃薯般具体实用的事实说起。无论神奇的圣水能否洗净人类，人渴望洗净却是不容置疑的事实。然而，今天伦敦有些宗教领袖——不仅仅是唯物论者（materialists）——竟陆续否定那毋须争议的污垢，而不否定那极富争议性的圣水。有些新神学家竟质疑原罪这个基督教神学唯一能真正证明的部分。坎贝尔牧师①的一些追随者抱着几近吹毛求疵的灵观，竟承认"人本无罪"这种他们就是在梦中也不能看见的幻象，否定人的罪性这种在街上随处可见的基本事实。最强的圣人和最强的怀疑论者（skeptics）同样以实存的邪恶作为讨论的起始点。假如人会从剥猫皮的举动中感到剧烈的快感，假如这是真确的（事实如此），宗教哲学家只能作出两种推论：要么就如无神论者（atheists）般否定神的存在，要么就如所有基督徒般否定神人当下的联合。那些新神学家甚或会否定那只猫，认为这不失为一个高度理性的辩解。

显然，在目前这种异常（别奢望有普遍共同的诉求）的处境中，我们不可能像祖先辈般，以罪的事实为切入点。虽然，罪之于他们（或于我）有如尖头杖般显而易见，但现在却特别受到稀释或否定。虽然，现代人否定罪的存在，但我不认为他们已否定精神病院的存在。我们全都同意人类的智力呈现崩溃，并承认这是像房子倒塌般明显不过的事实。

---

① Reginald John Campbell（1867—1956），伦敦"城市圣殿"（City Temple）牧师。1907年，坎贝尔牧师根据"万有在神论"（panentheism）的观点，提出"新神学"（New Theology）的概念，并出版了同名书籍。

人尽管否定地狱，但还未否定汉韦尔。要展开最基本的争论，我们不妨站在别人曾站立的地方。我的意思是既然以往的思想和理论以人是否因此失去灵魂作为衡量标准，我们不妨以人是否因此失去智慧，来衡量一切现今的思想和理论。

的确，有些人以轻淡从容的态度谈论精神失常，认为疯狂本身不无吸引人之处。我们只需细加思想，就会发现疾病之所以美丽，通常是因为患者是别人。一个盲人也许如画般优美；但要看到画的优美，得有一双瞳孔。同样地，即使是描绘精神失常最狂野的诗歌，也只有正常人才懂得欣赏。对疯子来说，其疯狂相当平凡乏味，因为它相当真实。对一个自以为是鸡的人来说，他自己就像鸡一般普通。对一个自以为是一小块玻璃的人来说，他自己就像小玻璃块般晦暗。正是他思想的单一狭隘使他晦暗，使他疯狂。

我们认为某人有趣，是因为看见其思想的反讽成分；正因为某人看不见自身思想反讽之处，所以被关进汉韦尔。简言之，古怪稀奇之事只会吸引常人，不会吸引怪人。这解释了为什么正常人过的日子特别刺激，而怪人常投诉生活枯燥。这也解释了为什么簇新的小说很快死去，而古老的童话则历久常新。古老童话以正常的男孩为主角；他的历险充满惊讶；之所以感到惊讶，因为他是正常的人。现代心理小说的主角不是正常的人；所谓中心并非真正的中心。因此，最刺激的历险亦不会对他构成多大影响，故事因而流于单调。你可从人在龙中而非龙在龙中的经历创造故事。童话故事讨论疯狂的世界中正常人做的事。今天那些严肃的现实小说讨论枯燥的世界中疯子干的事。

现在就由疯人院说起吧！就由这个令人不舒服而异想天开的住处，展开我们的思想旅程吧！好了，要探视精神健全的哲学，第一件事是要抹掉一个常犯的错误。时下有一个随波逐流的想法，认为想象力（尤其是带神秘色彩的想象力）会危害人类的心智平衡。诗人常被评为心理不可靠；一般人或会把戴桂冠与粘稻草于头发上扣上含糊的联系。事实和历史完全驳斥这种想法。大部分相当伟大的诗人不单精神健全，而且处事有条不紊；若然莎士比亚真的曾勒住马头，那是因为由他来控制马匹是最安全的。想象力并不衍生疯狂。衍生疯狂的，正是理性。诗人不会发疯，下棋者会。数学家、出纳员会发疯，创意盎然的诗人甚少会。我绝不是在攻击逻辑（从下文可见）；我只是指出潜伏着发疯危机的不是想象力，而是逻辑。

论健全，艺术的源头绝不亚于物理。此外，值得一提的是，呈现病态的诗人通常是因为脑袋的理性出现问题。就以爱伦坡①为例，他之所以呈现病态，不是因为他太富诗意，而是因为他的分析力太强。国际象棋对他来说也太诗意了；他不喜欢棋盘挤满骑士和堡垒，像诗一样。他曾公开表示较喜欢国际跳棋，因为棋子较像图表上的黑点。

考珀②的例子，相信是最强而有力的论据。考珀是英国唯一变疯的大诗人。他绝对是因为逻辑变疯的：因为可怖、不兼容的得救预定论而成为疯子。诗歌不是疾病，而是药物，给他带来部分的健康。在乌兹河（Ouse）③广漠的水面和一大片白色的百合花中，他偶尔会忘记那个由可怕的宿命论带来的、火红又令人口渴难熬的地狱。加尔文④苦害了他；吉尔平（John Gilpin）差点便救回他的命。⑤

做梦不会使人发疯，世界各地亦然。评论家远较诗人疯癫。荷马本身完整冷静，是论者把他撕成繁琐的碎片。莎士比亚人如其人，是某些

---

① Edgar Allen Poe（1809—1849），19世纪美国著名的诗人、评论家和短篇小说作家，因酗酒导致精神受到戕害，40岁便去世。他的诗作包括《乌鸦》（The Raven）、《安娜贝尔·李》（Annabelle Lee），故事则有《穆尔格街凶杀案》（Murder in the Rue Morgue）、《怪人与芭蕾舞者》（Tales of the Grotesque）等，开创了现代侦探推理小说的先河。
② William Cowper（1731—1800），18世纪英国著名诗人及圣诗作家。长年受严重的忧郁症所困扰，在基督宗教慰藉下谱写了许多圣诗，但也因预定论中永恒的咒诅而感到疑惧不已。
③ 位于英国诺福克（Norfolk），考珀的家就在附近。——译注
④ John Calvin（1509—1564），16世纪改教家及神学家，致力于厘定新教教义教导信徒，草拟教会典章，制定日内瓦教会的组织及法规。著有《基督教要义》（Institutes of the Christian Religion，1536）、《新旧约圣经注释》（Commentaries on the Old and New Testaments，1617）。
⑤ "吉尔平的旅程"（The Journey of John Gilpin），一首考珀取材自朋友的故事的民谣，这为他带来一段平静的日子。——译注

论者发现他是不一样的人。虽然传福音使徒圣约翰（St. John the Evangelist）在异象中看见很多怪兽，但没有一头比评论他的人狂野。

事实简单不过。诗是正常健全的，因为诗随意浮漾于无限的大海；理性却要跨渡无限的大海，使海成为有限。结果必然是精神枯竭，跟荷尔拜因①先生的体力枯竭如出一辙。要接受一切，是一种锻炼；要了解一切，则是一种难担的重负。诗人只渴求提升和扩充，让自己置身于一个能舒展身心的世界。诗人要求的，不过是把头探进天堂。相反地，逻辑家寻求的，是把天堂放进脑子里。因此，逻辑家的脑袋分裂了。

有一点说起来虽则是个小问题，但与讨论不无关系：上述那个显著的错误说法，竟不时有人显著地误引德莱敦②一句名言加以支持。我们都曾听过别人引用以下一句话："伟大的天才是疯子的近亲。"须知，德莱敦并不是说历史上有伟大的天才是疯子的近亲。德莱敦本身也是个伟大的天才，他一定深深明白这点。世上也很难找到较他浪漫或理智的人。他说这句话的意思应该是："伟大的头脑往往是疯子的近亲。"这倒是真的。濒临崩溃的，正是敏捷的智力。况且，大家或许还记得德莱敦谈论的对象是什么样的人。他说的不是像佛汉主教③或赫伯特④般超凡脱俗、目光远大的人。他说的是愤世嫉俗的人、怀疑论者、外交家、实干的大政治家。这些人的确是疯子的近亲。持续不断地算计自己和别人的脑袋，怎能不充满危险？计着算着、工于心计，心灵怎能不受劳损？有个轻浮的人曾问为什么我们说"如帽匠般疯狂"（as mad as a hatter）。有

---

① Hans Holbein（1497—1543），出生于德国，著名宗教画家，代表作有《基督之死》（*Dead Christ*）及《死神之舞》（*Dance of Death*）等木刻画作。定居英国时，曾为亨利八世及摩尔爵士（Sir Thomas More）绘肖像画，他的画作对细节描绘得非常详细、真实，甚至连仪器上的刻度、信笺上的文字、桌布上的花纹，都描绘得一丝不苟。

② John Dryden（1631—1700），17世纪英国文学的泰斗，1668年的桂冠诗人，英国古典主义时期重要的批评家和戏剧家。知名的作品如《押沙龙和亚希多弗》（*Absalom and Achitophel*）是一首划时代的政治讽刺诗。

③ Herbert Alfred Vaughan（1832—1903），曾负责建造英国威斯敏斯特大教堂（Westminster Cathedral），以及为海外宣教而创办的圣约瑟学院（St. Joseph's College）。

④ George Herbert（1593—1633），英国诗人牧师，最著名的诗集为《圣殿》（*The Temple*）。

个比他更轻浮的人或会这样回答：帽匠疯了，因为他们总在算计着人的头。

事事讲求理性的人往往是疯狂的；疯狂的人常常事事讲求理性——两句话同样真确。有一次，我卷入了《号角》①周报（The Clarion）一场有关自由意志的讨论。出色的作家苏瑟斯②先生指出自由意志是精神错乱的表现，因为它等于毫无原因的行为，而精神病患者的行为就正是毫无原因的。这里，我不会纠缠于这个决定论逻辑的严重错误。显然，只要证明有行为（连精神病患者的在内）是没有原因的，决定论就完蛋了。若然疯子的因果连锁关系能够断裂，一般人的亦能。我想谈的是较实际的事情。现今的马克思社会主义者（Marxian Socialist）不知自由意志为何物，情有可原，但现今的马克思社会主义者竟不知精神错乱为何物，实在引人注目。苏瑟斯先生肯定对精神错乱一无所知。精神病患者最不会出现的，就是无原因的行为。若要把一些人类的行为粗略界定为无原因的，那就是健全的人微细的举止了：行路时吹口哨、在草丛中挥杖开路、踢脚后跟或双掌互擦。快乐的人才会做这些无用的事；有病的人腾不出无所事事的能耐。疯子永不明白的，正是这些无心的、无原因的行为；因为疯子（像决定论者一样）通常会在每一件事情上看出太多的心思。疯子会从上述空洞的活动中发现内藏的阴谋。他会以为挥打野草是存心破坏私人物业，而踢脚后跟就是向共犯发出暗号。疯子只要有一刻变得不在意，就能回复正常。凡是曾与轻微或严重精神失常的人交谈的不幸儿，都会知道精神病患者最骇人的特质是对枝节的拘执：一件事跟另一件事紧紧相扣，比迷宫还要精细。若要跟一个疯子辩论，你极可能苦不堪言；他的脑筋在各方面都会比你转得快，因为不用窒碍于与正确判断相关的东西。他不会受制于幽默感或爱心或沉默而可靠的经

---

① 《号角》周报于1891—1931年间发行于曼彻斯特，为一社会主义报纸。
② R. B. Suthers，英国社会主义者、记者。1891年，他与布拉奇福德（Robert Blatchford）等人创办了《号角》周报。

验。由于失去了一些正常的感情属性，疯子较常人讲求逻辑。就这方面来说，一般对精神失常的描述其实含误导成分。疯子并不是失去理性的人。疯子是除理性外失去一切的人。

疯子提出的解释往往是完整的，往往在纯理性层面令人满意。较严谨的说法是，疯癫的解释若不是总结性的，也至少是无法辩驳的，从以下两三种最常见的疯狂可见一斑。一个人（举例说）如果说有些人勾结起来对付他，你是无从驳斥的，只能说那些人都否认是同谋；这正是真正的同谋会作出的反应。疯子的解释所包含的事实绝不比你少。又或一个人如果自称为英国合法的国王，单单指出现有权力机关指斥他为精神失常，并不能完全解答问题，因为他就算是真正的国王，现有权力机关同样会这样指斥他，这是最明智的做法。又或一个人如果自称耶稣基督，单单告诉他全世界都否定他的神性，算不上什么答案，因为全世界确曾否定基督的神性。

尽管如此，疯子的想法的确是错误的。然而，要查考并确切指出他犯的错误，远比想象中困难。也许，最接近的表达方式是这样：疯子的思想是在一个完整但细小的圈内活动。一个小圈子完全可像大圈子般无限；虽然完全可以同样地无限，但它毕竟不是很大。同一道理，不正常的解释完全可以跟正常的解释同样完整，但它毕竟不是很大。一颗子弹完全可以跟世界同样浑圆，但它毕竟不是世界。世上有一种东西叫做狭隘的普遍性；世上有一种东西叫细小而挤狭的永恒；这可见于许多现今的宗教。

话说回来，若从外在的、以经验为依据的角度看，疯狂最明确、最不会弄错的特征，可以说是逻辑完整与心灵萎缩两者的结合。精神病患者的理论或能解释颇多事情，但其解释却不能有多大的说服力。我的意思是，若是你或我要面对一个病态日见严重的心灵，我们最应该关注的不是与之争辩，而是给它空气，使它相信叫人窒息的争论外面存在着一个较纯净、较清爽的世界。

例如，回到上文所提第一个典型的例子，即有人控告全人类密谋反对他。若要向他表达最深切的抗议或上诉，大概该这样说："哦，我承认你有你的道理，你真心认为是这样的，很多事情跟你说的那些事情十分吻合。我承认你的说法解释了很多事情，但遗漏了的，也可真不少呢！世上难道只有你一个人的故事，而每个人都忙于处理你的事情？再仔细一点说，你或会认为街上那个人好像看不见你是因为他狡猾；而那个警员查问你名字是因为他早已知道你是何许人。不妨想想，假如你知道那些人对你丁点儿兴趣都没有，你岂不比现在快乐得多！假如你的自我能够缩小一点；假如你真的能抱着平常的好奇心或乐趣看其他人；假如你能看到别人走路时只不过带着开朗的自私和阳刚的冷漠，你的生命岂不宏伟得多！你会渐渐对别人感兴趣，因为他们对你没兴趣。你会摆脱那个细小、浮华、浅俗的剧场，不再汲汲于重复上演那台单薄的独角戏。然后，你就发现自己正走在开阔的天空下，街道上尽是多姿多彩的陌生人。"

或者，碰到的是上文提及的第二种疯狂，即有人自称是皇帝，你或许会冲口而出："好啦！也许你知道自己是英国的君王；但那又如何？只须来个壮举，就可变回人，然后睥睨世上所有的君王。"

又或者，你遇到上文提及的第三种疯狂，即有人自称是基督。以下的一段话正好道出我们的感受：

"你就是创造者和救世主吗？唉，这个世界真是小得可怜啊！你的天堂好小哦！跟你同住的天使像蝴蝶般小呢！当神一定是很惨的事，好一个寒酸的神！真的没有比你更丰富的生命吗？难道一切有血气的都要仰赖你微小而吃力的怜悯吗？想想吧！要是有个比你更高超的神敲碎你的小宇宙，使星星的碎片四散，让你置身在一片空旷中，像其他人一样能随意地瞧上瞧下，你岂不比现在快乐得多、自在得多！"

我们不要忘记最纯实用的科学是怎样看待精神问题的，它不会视精神病为异端邪说般与其争辩，只会简单地像驱除咒语般使它消失。现代科学也好，古代宗教也好，都不会接受毫无限制的思想。神学指斥一些思想为亵渎上帝的，加以遏止。科学指斥一些思想为病态的，加以遏止。例如，有些宗教组织或多或少劝人不要思考性爱。那个新科学组织肯定劝人不要思考死亡；虽然死亡是事实，但应视之为病态的事实。应付带有疯狂的病态行为，现代科学宁可关注狂舞的托钵僧（Dervish）①，也绝少理会纯逻辑。遇到这种情形，不快活的人需要的不仅仅是真理，他需要的应该是健康。能拯救他的，正是一种对复归正常盲目的渴求，有如野兽那种盲目的渴求。人不能单靠思考就能脱离精神病；因为患病的、不受控制的、独立了出来的正是思考的机能。只有意志或信心才能拯救患者。假如某一刻只有理性在移动，理性就是在循环的轨迹上来回走动，在自己的逻辑圈子内不停兜转。就像坐在三等车厢在伦敦内圈街（Inner Circle）②不停地团团转，除非能毅然地、勇猛地、神奇地从高尔街（Gower Street）③遁走，否则只能一直兜圈子。作出决定就是一切的关键；有道门必须永远关上。每个补救的方法都是孤注一掷的。每个医治的方式都是神迹似的。治疗疯子，不是与哲学家争论；而是要驱走恶魔。无论如何默默耕耘，医生和心理学家对待疯癫的态度是极不容忍的，有如血腥玛丽女王④般要赶尽杀绝。他们的看法正是：疯子若要留住活命，就必须停止思考。因此，他们建议病人接受的，其实是一种切除智力的手术。如果是你的头脑搞破坏，干脆把它砍掉，好叫你不仅仅以小孩子的身份进天国，甚至以低能儿的身份进天国；这样做总胜于连人带脑一起掉落地狱，又或关进汉韦尔。

　　从经验认知的疯子就是这样：一般来说，他是个讲道理的人；很多

---

① Dervish 为一种回旋舞蹈，发源自伊斯兰教的一个神秘教派，他们借着身体不停地旋转，以达至恍惚的宗教狂喜状态。
② 伦敦摄政公园（Regents Park）的环形车道。——译注
③ 摄政公园东面的一条街道，与摄政公园相隔几个街段，跟内圈街并不连接。——译注
④ Mary I（1516—1558）为把英国从新教恢复到罗马天主教，共处决约三百多名反对者，因而被称为"血腥玛丽"。在她之后，由她同父异母的妹妹继承王位，即伊丽莎白一世。

时候，他是个把道理讲得头头是道的人。毫无疑问，你绝对可纯以理性击倒他，用逻辑陈明他的错误。不过，使用一般甚至美学的字眼更能道出他的问题。疯子身陷思想的囹圄，监狱虽然洁净而光线充足，他的头脑却因磨尖了而疼痛；因为他既不能像健全人一样感到踌躇，也不能像健全人一样感到复杂。正如我在第一章所述，我试图在开首这些章节带出的，不是有关教义的图表，而是观点角度的图画；我用颇长的篇幅描述对疯子的看法，是想指出大部分现代的思想家正如疯子一样地影响着我。我在汉韦尔确切感应或听闻的事情，同样发生在半数今日的学府或科学教授身上。大部分疯狂的博士不只在一个层面上疯狂。他们全都拥有一项特征，就是前文所述的一种结合，一种萎缩的普通常识与无止境扩充的理性之结合。其学问看似有普遍性，因为他们只采取一个单薄的解释，然后不断地加以伸延。然而，一种模式纵或能不断铺展，它始终是一个小模式。他们看见的棋盘是黑底白格，铺上去的世界仍然是黑底白格。像精神错乱的人一样，他们不能改变观点，不能灵活地运用心思叫自己突然发现那是白底黑格。

先谈唯物论（materialism）这个明显的例子吧。作为对世界的一种解释，唯物论不免流于简单又不健全。它具有疯子道理的特色：包含一切，又遗漏一切。只消细想一些能干认真的唯物论者的特色，你定会深有同感。麦凯布[①]先生就是一个好例子。他对一切了如指掌；一切同时又显得不值一看。即使每一支铆钉、每一个齿轮在他的宇宙中都完整无缺，但那个宇宙始终比我们的世界细小。他的系统就像疯子清晰的系统一样，似乎不察觉世上存在着陌生的活力，以及一大片的冷漠；其系统所思考的不是尘世上真实的事情，诸如好战的民族或骄傲的母亲或对大海起初的爱与惧等。世界实在太大；其宇宙实在太小，所谈及的，不过

[①] Joseph M. McCabe，原为法兰西斯会（Franciscan）修士，后来放弃信仰，致力演讲和撰述，曾以理性主义之名撰写二百本书及小册子抨击基督教。切斯特顿在《异教徒》一书中收录了他与麦凯布争辩的文章；而正如他在第一章所说，有关《异教徒》的批评驱使他撰写本书。——译注

是一个仅能容纳一个人埋首其中的小洞穴。

我目前纯粹是探讨上述那些信念与健康的关系，而不是那些信念与真理的关系。这里只谈及心理学的现象，稍后的部分会处理客观真实性的问题。我目前无意向恩斯特·海克尔①证实唯物论是不真确的，正如我不打算向那个自以为是基督的人证明他正朝着错误的方向努力。这里只想指出两者有同样的完整性，亦有同样的不完整性。那个被一群冷漠的群众拘留在汉韦尔的人，你可解释为一个正为不配的世界钉死在十字架上的神。这个解释的确是一个解释。同样地，你可把宇宙的秩序解释为盲目的命运：一切事物，连人类的灵魂在内，只是从完全无意识的大树上必然长出的叶子。这个解释的确是一个解释，虽然不及疯子那个完整。

问题是，人正常的脑袋不但反对两者，而且持相同的反对理由。理由大概是：假如住汉韦尔的那位是真神，他就算不上什么神；假如唯物论者的宇宙是真正的宇宙，它也算不上什么宇宙。事物统统皱缩了。神竟不及众多的凡人神圣；而（根据海克尔）生命的全部竟远较其分割的部分灰暗、狭小、无价值。局部看似较整体伟大。

我们须知，唯物论哲学（无论真确与否）肯定远较任何一门宗教局促。当然，在某种意义上，所有聪颖的思想都是狭隘的，都不能比自身宽敞。无神论者面对的局限，基督徒同样面对。基督徒不能既认为基督教不真确而又仍然是基督徒，正如无神论者不能既认为无神论是错的而又仍然是无神论者。然而，恰巧在某种意义上，唯物论面对的限制较唯心论大。麦凯布先生认为我是个奴隶，因为我的信仰不容许我相信决定论。我认为麦凯布先生是个奴隶，因为他的信仰不容许他相信仙子。把

---

① Ernst Haeckel（1834—1919），德国自然学家、动物学家，也是第一位建立动物演化系谱的科学家。他的名著《宇宙之谜》(*Riddle of the Universe*) 由麦凯布翻译，内容涉及生物学、心理学、宇宙学及神学，在当时是一本非常成功的畅销书。他一向以发展达尔文进化论为己任，这成为他一生学术活动中的重要内容。

两种禁制细加比较，不难发现麦凯布先生的远较我的具有禁制性。在极多情况下，基督徒尽可自由地相信宇宙是具有安稳的秩序并按着必然的规律发展。相反地，对唯物论者来说，宇宙这部完美无缺的机器绝不能容许丁点儿神迹或唯心论的瑕疵。就算是那个或藏身于海绿花丛中极微小的魔鬼，可怜的麦凯布先生也不能承认其存在。

基督徒承认宇宙是多种多样，甚至是包罗万象，正如神志正常的人晓得自己是复杂的一样。心智健全的人知道自己带着少许野兽的性情、少许魔鬼的邪恶、少许圣人的情操、少许凡人的俗气。不仅如此，真正健全的人知道自己带着少许疯子的气味。相反地，唯物论者的世界颇为简单、牢固，正如疯子颇为确定自己是健全的一样。唯物论者肯定历史只是简单的因果锁链，正如前文所述那个有趣的人颇为肯定自己只不过是简单的一只鸡。唯物论者和疯子从不感到疑惑。

唯心的学说并不像唯物论一般规限人类的思维。我即使相信世上有永存不死之事，亦毋须多加思考；但我若不信有永存不死之事，就一定不能加以思考。在第一种情况，道路是开阔的，我可随意走多远；在第二种情况，路已封锁，无人能走在其上。唯物论的情况更甚，与疯子的处境尤为呼应。我们反对精神病患者详尽无遗又符合逻辑的道理，因为姑且不论是对是错，它会逐渐摧毁病患者的人性。至于唯物论最为人诟病的地方，就是姑且不论是对是错，那些主要的推论已渐渐摧毁唯物论者的人性。我指的不单是仁慈，而且还包括希望、勇气、诗意、进取心等一切人性特质。例如，当唯物论把人引向完全的宿命论（fatalism）（一般常见的情形），我们绝无理由在任何意义上视之为一种给予自由的力量。若你只不过用自由的思想去摧毁自由的意志，我们绝无理由认为你正在推动自由。决定论者带来的只是捆绑，不是释放。他们称其定律为因果的"锁链"，但这条糟糕的锁链最是把人束缚。虽然，你喜欢的话，大可形容唯物论的教义是带来自由的。但整体来说，正如你用自由来形容关在疯人院那个人一样，说法显然歪曲事实。你喜欢的话，大可说人有自由把自己看成一颗水煮蛋，不过同时要面对一个更巨大而重要的事实，就是人若是一颗水煮蛋，就不能吃、喝、睡眠、走动，甚至抽一口烟。同一道理，你喜欢的话，大可说那个勇敢的决定论思想家有自由不相信意志是真实的；不过同时要面对一个更巨大而重要的事实，就是果真如此的话，他就不能自由地提意见、咒骂、感谢、证明、敦促、惩罚、抗拒诱惑、煽动群众、作出新年伊始的决心、原谅罪人、指摘暴君，甚至为递来的芥子酱说一句谢谢。

离开这个话题前，顺带谈谈一个古怪的谬论，其大概意思是：唯物宿命论较富于怜悯，较倾向主张废除残酷的刑罚或任何方式的惩罚。这种说法其实大错特错，与事实绝不相符。认为事情必然发生的学说是不会带来任何改变的，因为这才符合其理论精神；即任由鞭打者仍以鞭抽打人，而善良的朋友依旧加以劝阻。两者之中，必然论者若阻止了其中一样事情发生，那显然是后者，即善良的劝告。认为犯错必然出现的想法不会阻截惩罚；它若能阻截什么，那自是事前的劝导无疑。可见，决定论很可能导致麻木不仁，有如它必然导致胆小怯懦一样。决定论与严惩罪犯并无不一致的地方。不一致的（也许）反而是宽待罪犯；例如诱发他们善良的本性，或在他们的道德挣扎中给予鼓励。决定论者不相信可触动意志，但却相信可改变环境，因此，他一定不能跟犯罪的人说："走吧！不要再犯罪了。"因为罪犯正身不由己；但却可把他放在滚烫的火油中，因为火油属于可改变的环境。唯物论者若是一个具体的人物，其轮廓想必与疯子惊人地相似。两者同样陷于叫人既无可辩驳又难以容忍的境地。

当然，上述种种的真确性并不单单限于唯物论者，对纯理论逻辑的另一极端也同样适用。怀疑论者当中，你或会碰上一种人，远较那认为一切皆由物质开始的人可怕，那就是认为一切皆由自己开始的人。他不会对天使或魔鬼存疑，却质疑人与牛的存在。在他而言，自己的朋友全都是自制出来的神话。他创造了自己的父亲以及母亲。这种可怕的幻想，在略带神秘的自我主义色彩的今天，有着一种难以抗拒的魅力。那个认为人若相信自己就会出人头地的出版商；那些常常在镜子的倒影里寻找超人的超人追随者；那些只谈印刻自己的个性不谈为世界创造生命的作家——他们与骇人的空洞之间的距离，全都不超过一寸。然后，四周美好的世界如谎言般遁隐黑暗；然后，朋友化为魅影，世界的根基化为乌有；然后，这种不信任何事任何人的怀疑论者在自己的噩梦中孤单一人——当这一切发生时，那个伟大的个人主义座右铭就带着报复意味的讽刺写在他身上！星星将只是他个人漆黑一片的脑海里的小点；母亲的面容将只是他用失常的铅笔画在自己囚室墙壁上的素描。写在他囚室中的将会是一个骇人的真理："他相信自己。"

值得关注的是，这种流于极端的泛利己主义思想，跟另一极端唯物论展示了同样似是而非的想法。两者同样在理论上完整，在实践上残缺。简单起见，我们或可用较浅易的方式说明这个概念。一个人大可相信自己常在梦中。显然，我们不能提供确实的证据向他显示他不在梦中；原因很简单，没证据是不能在梦中提供的。但如果那个人一边纵火意图焚毁伦敦，一边说他的管家快要叫他吃早餐，他就应该跟好些逻辑论家一起住在那个本章常暗指的地方。不能相信自己的感官的人，跟不能相信感官以外的一切的人，两者同样神志失常；不过，要证实这点，不能单凭论据的谬误，而是要看他们整个生命显而易见的差错。这两种人同样把自己关进内涂太阳星辰的盒子中，同样都不能离开盒子：一种人不能走向健康快乐的天堂；另一种人甚至不能走向健康快乐的人间。他们的立场是颇合乎理性的；不仅如此，其立场在某种意义上甚至是无限理性，正如一个三便士辅币是无限浑圆一样。不过，世上有些东西叫做卑劣的无限，即一个低劣而像奴隶般卑贱的永恒。有趣的是，许多现代人，不管是怀疑论者还是神秘主义者，都采用了某种东方的符号作为标记,而这正是终极虚无的符号。他们以用嘴含着自己尾巴的蛇来代表永恒。这个令人极度不安的吃食意象正是一个绝妙的讽刺。唯物宿命论者的永恒、东方悲观主义者的永恒、傲慢的神智学者①和今天高级科学家的永恒,正好用一条吃着自己尾巴的蛇来代表。好一只最终连自己也毁掉的降级动物!

  本章的内容纯粹从实际出发,谈论的主要是精神失常真正的记号和成分;精神失常可归纳为一种没有根基、错误运用的理性,一种存于空白中的理性。一个人没有恰当的先决原则而进行思考会变疯;他的思考只停留在错的一头打圈子。余下的页数,我们得探索何谓对的一头。临近总结,大家也许想问,假如这会令人发疯,那么怎样才能使人保持明智?我将在本书结论部分给大家一个明确的答案,那个答案对一些人来说或显得太过明确。目前这一刻,我可以用同样纯为切合实际的方式,就真实的人类历史中什么使人健全的问题,提供一个普遍的答案:使人类不致精神失常的,就是神秘主义(mysticism)。人间只要尚有奥秘,就仍有健康;摧毁奥秘,就会病态萌生。正常人之所以经常心智健全,因为正常人经常是神秘主义者。他容许模糊地带的存在。他经常一脚踏地上,一脚踏仙乡。他经常容让自己自由地对神灵质疑;但同时(不像今天的不可知论者)容让自己自由地相信神灵。他经常重视真理多于一致性;如果发现两个貌似矛盾的真理,他就同时接受两者,连带与其并存的矛盾也一起接受。他属灵的目光有如肉眼般是立体的:他同时看见两幅不同的图画,但总能看到较好的一面。因此,他经常相信有命运这回事,但同时相信有自由意志这回事。因此,他相信孩童本身就是天国,但同时相信他们必须顺服于地上的王国。他羡慕青春,因为那是青春;也羡慕年老,因为那不是

---

① 神智学(Theosophy),一种宗教哲学和神秘主义理论,本质上是诺斯替主义的现代翻版,认为所有宗教都是在帮助人性达到完美的状态。

青春。

　　健康的人之所以保持着轻松愉快的心情，是因为能在这些明显的矛盾之间取得平衡。神秘主义的秘诀正是：人能借着不认识的，认识一切。病态的逻辑学家务求事事清晰，结果反而弄得事事神秘。神秘主义者容许一事神秘，其他一切就变得清晰。决定论者使因果论清楚明确，然后发现自己不能对女佣说："可以的话，请你……"基督徒视自由意志为神圣的奥秘；因此，与女佣的关系变得澄澈明亮。基督徒把教义的种子置放在那片主要的黑暗之中，但它却向四方八面伸展开去，带来大量的自然健康。前文以圆形象征理性和疯狂，这里不妨用十字形来象征奥秘与健康。佛教是向心的；基督教是离心往外扩散的。圆形本身虽然无限完整，但尺寸却固定不变，永不能变大或缩小。十字形却不然，虽然中心是冲突和矛盾的，却能往四方伸展而不改形状；由于中心是矛盾，所以能向外扩展而保持不变。圆圈只能转回自己身上，因而相当有限。十字形向四个方位张开手臂，正是自由旅客东南西北的路标。

　　谈到这样深入的事情，符号本身正有那种模糊不清的价值。另一个来自物理现象的符号，亦能充分表达神秘主义对人类的真正意义。透过那个我们看不透的受造之物，我们看到一切其他的事物。就像正午的太阳，神秘主义透过自己全面彻底的不可透视性所发的强光，解释了一切其他的事情。而抽离的知性主义（intellectualism）则"尽是月光"（all moonshine），全是大话（这个流行用语的引申义）；因为月光是没有热的光，是来自死寂世界次要的光。希腊人把阿波罗（Apollo）奉为想象和理智的神是正确的；因为他同时是诗歌和治疗的庇护人。那些必要的教义，以及一个特别的信条，我会在稍后的部分再谈。这里想指出人类凭借的超验主义（transcendentalism），其位置跟高挂天空的太阳基本相同。我们都意识到它是一种灿烂的混沌，既闪烁又无形，既是强烈的光，又是一片迷茫。相反地，圆圆的月亮清晰可辨、绝不会弄错，而且反复地、必然地出现,有如黑板上欧几里德①的圆圈。这是因为月亮是完全理性的,月亮岂不就是疯子的母亲,赋予了他们自己的名字。②

---

① Euclid,约公元前三四世纪的希腊数学家,有"几何学之父"之称。
② 疯子的英文 lunatic 正是以月亮 lunar 为字根。——译注

第三章 思想自尽

街头的用语不但强而有力,而且意味蕴藉:因为其比喻之事常常不言而喻,用不着加以定义。相反地,有些用语例如"失位"(putout)、"失色"(offcolour)等可能被詹姆斯①先生赋予了极度准确的字义,但它们蕴涵的真理,不见得比"他的心在正确位置"(his heart in the right place)这种日常说法为多。这句话涉及正常比例的概念:一种功能存在,必须与其他功能构成正确的关系。这句话反面的意思正好异常恰当地描述了现今一些最具代表性人物的特质:一种带着病态的悲悯;一种有悖常情的敏感。举例来说,假如我要公道地形容萧伯纳先生的性情,最能表达我看法的,就是说他有一颗异常伟大宽厚的心,可惜不是放在正确的位置。这无疑是我们身处之时代的写照。

现代社会并不邪恶,在某种意义上甚至是太良善。现代社会充斥着荒诞的、给糟蹋了的德行。当一个宗教系统被砸碎了(正如宗教改革时期基督教被砸碎了),得以松绑的岂只是败坏的行为。不错,败坏的行为固然得以松绑了,而且四处游荡,造成破坏。可是,良好的德行也随之得以松绑,比恶行更疯狂地四处游荡,造成更严重的破坏。现代社会充斥着旧时基督教的美德,可惜那些德行变疯了。变疯是由于它们变得互不相干,各自往四处游荡。于是,一些科学家关注真理,但其真理是无情的。于是,一些人道主义者专谈同情,而其同情(抱歉容我这样说)

---

① Henry James (1843—1916), 杰出的小说家及文艺评论家, 被誉为"心理现实主义"(psychological realism)的奠基人, 他的作品充满对人物心理细致入微的刻画与描写。作品包括 *Portrait of a Lady*, *Roderick Hudson*, *The Bostonians* 等。

是虚妄的。举例说,布拉奇福德①先生抨击基督教,是因为一种叫他发疯的基督教美德——上帝对人类那种纯属神秘而近乎不理性的大爱。他有一个奇怪的想法:他会采取一个较容易的方法,借着宣称"无罪要赦"来赦罪。布拉奇福德先生不但是初代的基督徒,而且是唯一应该给狮子吃掉的初代基督徒。他的道理正好显示异教徒的控诉是真确的:他的怜悯其实只不过是无秩序的混乱。他是人类真正的敌人——因为他太富人性了。

在另一极端,就是在快乐的故事或心灵的疗伤中蓄意扼杀人生乐趣的唯实论者(realist)。托尔克马达②为了道德的真理,在物质层面折磨人;埃米尔·左拉③则为了物质的真理,在道德层面折磨人。在托尔克马达的年代,起码有一种系统在某种程度上可让公义与和平接吻。现在,两者连点头致意也不行。

不过,有一例子远比真理和同情两者具有说服力,那就是谦卑这种美德的错置。以下集中谈论谦卑其中一个特别的层面。谦卑主要指人类对自高自大、贪得无厌的抑制。人类经常因为新近自制的需要而盖过自己的善行。正是人享乐的能力摧毁了他一半的乐趣。寻欢作乐,人就失去了最大的欢乐;因为最大的欢乐是惊喜。因此,人若要叫自己的世界伟大,必须常常叫自己渺小,这是明显不过的事情。即使是气派不凡的景观、巍然屹立的城市、倾斜欲倒的石塔,全是谦卑的杰作。如踏草般踩扁森林的巨人,是谦卑的杰作。高耸入云、鸟瞰孤星的建筑物,是谦卑的杰作。原因是,高楼不见得巍峨,除非我们抬头仰望;巨人不显得巨大,除非形相比我们庞大。这些巨人般伟大的想象,也许就是人类最巨大的乐趣所在;凡此种种,基本上完全是谦恭之作。没有谦卑之心,

---

① Robert Blatchford(1851—1943),英国社会主义者、作家及编辑,为《号角》周报发刊人之一。
② Torquemada,15世纪西班牙首位宗教法庭审判官。他以危害社会及宗教秩序为理由,折磨犹太教徒和回教徒,迫使其改信基督教。——译注
③ Emile Zola,曾写一系列以七宗致命的罪为题的小说。他以自然主义的角度重新界定这七宗罪,建议借医学和教育为人类带来纯自然主义的改进。——译注

人根本不能享受什么，连自豪感也不例外。

今天，叫我们苦恼的，是谦卑放错了地方。谦虚已移离了野心的地带，安顿在信念的境域上；有违其存在的本意。人类本该对自己存疑，而不是对真理抱疑问；但情况刚刚相反。今日的社会，人予以确定的部分，恰恰是人不该自我确定的部分；而人怀疑的又正是不该怀疑的部分——神圣的理性。

赫胥黎①宣讲了谦卑的道理，指出人得向大自然学习。但新的怀疑论者实在太谦逊了，竟怀疑自己是否有学习的能力。因此，不要匆匆指出我们的年代没有谦卑，这种说法一定不对。实情是我们的年代的确有一种真实的谦卑，然而，不幸的是，那实际上是一种有毒的谦卑，比苦行僧最荒诞的俯伏动作更富毒害性。以往的谦卑并不是靴子里头的一口钉，阻碍人继续前行；而是一种激励，叫人不要停下来。以往的谦卑令人对自己的努力抱疑惑，推动人更努力向前。刻下的谦卑令人对努力的目标感疑惑，教人干脆什么都不做。

在大街小巷，总有路人喊着"也许我错了！"这句疯狂又亵渎上帝的话。每一天，身边总有人在说："当然，我的观点也许不正确。"当然，他的观点一定是正确的，不然那就不是他的观点。我们正走在一条奇怪的道路上，制造着一大群谦虚得连乘法表也不敢相信的人种。我们正面对一个可怕的危机，就是连哲学家都质疑万有引力定律只是来自人的幻想。古时爱嘲讽的人是很难说服的，因为他们太自以为是；刻下这些人也是很难说服的，因为他们太自以为卑。不错，温柔的人必承受地土；可是现今的怀疑论者实在太温柔了，连宣称承受地土也不行。这种知性上的无助感，正是我们面对的第二个问题。

上一章集中谈论一项观察得来的事实：人类陷入病态的危险是来自

---

① Thomas Henry Huxley（1825—1895），英国生物学家，也是达尔文进化论的捍卫者。作为科普工作的倡导者，他创造了"不可知论"（agnostics）概念来形容他对宗教信仰的态度。

其理性，而不是源于其想象力。讨论的目的绝不是要抨击理性的权威；反之，其最终目的正是为了捍卫理性，因为理性需要捍卫。整个现代世界都跟理性作战，理性的堡垒正在晃动着。

常有人说：圣人并不能找到解开宗教谜团的钥匙。然而，我们的圣人却面对不一样的烦恼。他们不是找不到钥匙，而是看不到谜团；就像鲁钝的小孩一样，觉察不到"门不是门"这句戏谑的话有什么似是而非的地方。就以现今社会的自由思想者（latitudinarians）①为例，他们谈论宗教权威的语调，好像在说这种事情不仅不讲理由，而且是从来就没理由可言。姑且勿说是否看到宗教权威的哲学基础，他们就是连其历史因由都看不见。毫无疑问，宗教权威往往是压制性或不合理的，正如每个法律制度（特别是我们目前的法制）从来都是麻木而冷酷无情的。抨击警察是理性的；不仅如此，还可说是值得称道的。然而，现今批评宗教权威的人就像一些只管抨击警察而对窃贼茫无认识的人。人类的心灵其实正面对一个巨大的、潜伏的危险，这种危险仿如窃贼带来的危险般真实。姑且勿论做法是对是错，宗教权威就是为了抵御危险而建造的屏障。人类若要逃过被毁灭的厄运，有一些东西必须建造起来作为屏障。

所谓危险，是指人类的智力能够自由地毁灭自己。就如一个世代能够扼杀下一个世代的存在，只要同代人全都走进寺院或投身大海；同样地，一群思想家在某种程度上可扼杀进一步的思考，方法是教下一代相信：任何人类的思维都不是真实有效的。经常谈论在理性和信心之间作出选择，根本毫无意义。理性本身就是关乎信心的问题。声称我们的思想与现实有任何关系，已是信心的行动。假如你只不过是一个怀疑论者，你早晚会问自己这个问题："事情为什么是对的？观察和推论为什么是正确的？好的逻辑为什么不像烂的逻辑般使人产生误解？两者岂非同

---

① 17世纪英国国教会（Anglican）的神职人员，凭借理性而不是传统来建立基督教教义在道德方面的确定性，并在其他的教导上持开明的态度。——译注

样是一头困惑的猿猴脑子内的活动?"年轻的怀疑论者说:"我有权为自己思考。"年老的怀疑论者,即彻底的怀疑论者则说:"我无权为自己思考。我根本无权去思考什么。"

有一种思想能叫人停止思考。这就是唯一该停止的思想。它会给人类带来终极的灾祸,一切宗教的权力都极欲加以制止。在我们这种堕落世代的末期才会出现这种思想:韦尔斯①先生已扬起它毁灭性的旗帜;他写了一本精细的怀疑论著作,名为《工具的疑问》(*Doubts of the Instrument*)。书中他质疑脑袋本身,力图在他所有过去、现在或将要来临的主张中移除一切"真实"成分。宗教上一切军事制度的建立和统治,原本是为了对付这场遥远、可预见的毁灭。信条和十字军、层级制度和可怕的迫害不是为了(如无知者所说)压制理性;反之,它们都是为了捍卫理性这个艰辛的任务而架设起来的。凭着盲目的本能,人晓得任何事情一旦受到疯狂的质疑,第一样受到质疑的很可能是理性。神父赦罪的权力、主教解释权力的权力,甚至是庭长恫吓犯人的权力;凡此种种不光彩的捍卫,全都是围绕着一种主要的权力而建立的;这种最是无法表明、不可思议的权力,就是人类思考的权力。

现在,我们知道事情是这样的,就没有借口推说不知道,因为我们一方面听见怀疑论正在猛撞固有权力的指环,另一方面又同时看见理性的宝座正在摇晃。宗教若然死掉,理性亦早晚离世,因为两者同是一种根本的权威,同是本身不能被论证的论证方法。在摧毁神圣的权威这个思想的行动中,我们亦大大摧毁了人的权威这种人赖以计算长除法(Long-division sum)的思想。我们若长期地、持续地猛拉主教的冠冕,只会把他的头颅也一起扯落。

---

① H. G. Wells(1866—1946),英国著名小说家、新闻记者、政治家、社会学家和历史学家。他创作的科幻小说对该领域影响深远,如《时间机器》(*The Time Machine*)、《隐身人》(*The Invisible Man*)、《世界大战》(*The War of the Worlds*)等,都是 20 世纪科幻小说中的主流话题。第一次世界大战后,他用了一年时间完成了一百多万字的《世界史纲》(*The Outline of History*),这本著作展现了他作为历史学家的一面。韦尔斯又译威尔斯。

有人或会称上述的说法为不精确的断言，就此，我也许必须不嫌其闷地略谈目前会叫人停止思考的几大思潮。唯物论和那个认为一切都是个人幻觉的想法，就具有叫人停止思考的作用。原因是脑袋若然是机械的，思维就不可能令人兴奋；宇宙若不是真实的，就没有可思考的东西。在这两个例子中，停止思考的作用是间接的、有待商榷的。在另一些例子中，停止思考的作用既直接又明确。一般人所称的进化论，就是显著的例子。

进化论这个例子显示，所谓现今智能推倒的不是别的什么，恰恰是它自己。进化论要么就是无知的科学论断，论述地球上某些事物的由来；要么（假如有更多东西的话）就是对思维本身的攻击。如果说进化论推倒了什么，那它推倒的并不是宗教，而是理性主义。进化论所指的，如果只是一样称为"猿"的实存东西，非常缓慢地演变为一种称为"人"的实存东西，那么，就算对最正统的信仰而言，进化论也不会造成丁点儿的伤害。原因是一位具有位格的神做事根本可快可慢，特别是当其像基督教的神一样不在时间之内。然而，假如进化论所指的不止于此，那么，其意思就是世上并无"猿要变人"这回事，又或世上并无"人待猿变"这回事，又或世上压根儿并无"物象"这回事。世上最多只有一回事：一切万物皆在变动中。由此可见，进化论攻击的，不是信仰，而是头脑；没有可供思考的东西，人就不能思考。若不是跟要思考的对象分割开来，人就不能思考。笛卡尔①说："我思，故我在。"爱谈哲学的进化论者不单否定了这精辟的隽语，而且把它倒过来说："我不在，故我不能思。"

此外，还有另一种对思维的攻击，来自相反的方向。韦尔斯先生强

---

① René Descartes（1596—1650），法国数学家、科学家和哲学家。他对现代数学的发展有重要的贡献，因将几何坐标体系公式化而被认为是"解析几何之父"，他也是西方现代哲学思想的奠基人，开拓了"欧陆理性主义"哲学，人们在他的基础上刻下了这样一句话："笛卡尔，欧洲文艺复兴以来，第一个为人类争取并保证理性权利的人。"著有《形而上学的沉思》(*Meditationes de prima philosophia*, 1641) 和《方法论》(*Le discourse de la Methode*, 1637)。

调所有分开的事物都是"独特的",一切并无类别可言。这种主张只具破坏作用。思考即是把事物连接起来的意思,事物一旦连接不上,思考就会停顿。不用说,这种禁止思考的怀疑论调必然同时禁止说话;人一开口就已满嘴矛盾。因此,当韦尔斯(在某个场合)说"所有椅子都是截然不同的"时,所说的不仅是一个误述,而且措辞自相矛盾。要是所有椅子都截然不同,你就不可能称它们为"所有椅子"。

近似这些理论的,还有提倡以更改测试取代通过测试的伪进步论。举例说,我们常听到这样的说法:"在一个年代正确的,在另一年代却是错误的。"这句话相当合理;假如它的意思是由于有固定的目标,某些方法只适用于某些时期,而不适用于另一些时期。比方说,假如女人追求身材标致,也许在某一时期必须变得丰满,而在另一时期则必须变得苗条。可是你不能说她们改进了自己,全靠停止渴望标致,并开始渴望修长。假如标准改变了,又何来改进?改进岂不是相对标准而言?尼采①开创了一种荒谬的思想,认为人类曾经追求现在我们称为邪恶的事情,并以此为美事。果真如此,我们就不能谈论是超越了或赶不上那些事情了。假如你走的是相反的方向,又怎能赶上时髦的琼斯先生?有些人成功地陷溺于痛苦,有些人成功地得享快乐;你又怎能讨论前者是否较后者成功?这就像说跟一头胖嘟嘟的猪相比,弥尔顿②是否更清心寡欲?

不错,一个人(一个愚昧的人)的确可以把改变本身视作目标或理想。然而,改变一旦成为理想,本身就不容改变了。崇拜改变的人若要

---

① Friedrich Nietzsche(1844—1900),德国著名的哲学家,他的著作对于宗教、道德、现代文化、哲学,以及科学等领域,提出了广泛的批判和讨论。《查拉图斯特拉如是说》(*Also sprach Zarathustra*, 1883—1885)为尼采最知名也最重要的一本著作,他在这本书中正式提出了永恒轮回的理论,并且第一次使用了"超人"(Ubermensch)这个词,尼采在之后所有的作品里都使用了超人这个理论。

② John Milton(1608—1674),英国诗人、思想家。他在双目失明的情况下,口述完成三部伟大著作:《失乐园》(*Paradise Lost*)、《复乐园》(*Paradise Regained*)及《大力士参孙》(*Samson Agonistes*)。

衡量自己的进步，必须严格地忠于"改变"的理想；他绝不能喜滋滋地跟"不变"调情。进步本身是不能进步的。值得顺带一提的是，当丁尼生[①]以一种狂放而颇虚弱的方式欢迎社会无穷尽的改变时，他本能地采用了一个隐喻，让人联想起带来束缚、令人生厌的常轨。丁尼生是这样写的：

让伟大的世界不断旋回于
"改变"这沟槽的轨道中！

丁尼生认为改变本身就是不变的常轨，而这是事实。不过，改变这常轨却是人类无从或最难以踏上的。

话说回来，这里的主要论点是，这种从根本入手改变标准的想法，就是其中一样具停止作用的东西，使人类简直不可能对过去或将来作出思考。这种彻底改变人类历史标准的理论，不但使我们丧失尊敬祖先的乐趣，甚至叫我们失掉鄙视祖先这种较时髦、势利的乐趣。

谈到在我们年代摧毁思考的力量，若不提及实用主义（pragmatism），上述毫不掩饰的概述就有欠完整了。虽然我在这里应用了、也会在每一场合加以捍卫实用主义的方法，以此作为寻找真理的入门指引；但这里得指出，极端地应用实用主义只会把一切真理摒诸门外。我的意思可简述如下：我赞同实用主义者的一些看法，即表面看来客观的真理并不是一切；人有一种不能不服从的需要，就是必须相信一些对心灵至为重要的东西。可是，我得指出，其中一种重要的东西正是要相信客观的真理。实用主义者告诉人不用为绝对的真理愁烦，只需思考必须思考的事情。可是人有一样必须思考的事情，就是绝对的真理。这种哲学其

[①] Alfred Tennyson（1809—1892），维多利亚时期代表诗人，主要作品有诗集《悼念集》（*In Memoriam*）、《夏洛特之女》（*The Lady of Shallott*）、长诗《国王叙事诗》（*Idylls of the King*）等。

实是文字的悖论的一种。实用主义关注的是人类的需要；而人类首要的需要之一，就是不要局限在实用主义的框框内。极端的实用主义，跟其强力抨击的决定论一样，同样有违人性。（说句公道话，决定论者从没有佯装是人。）决定论者使人类对真正选择的感觉变得毫无意义。声称尊崇人性的实用主义者则使人类对真正事实的感觉变得毫无意义。

若要就上述各论点作个小总结，可以说，最能代表这个年代的哲学不仅或多或少带点疯狂，而且或多或少带点自杀式的疯狂。只懂质疑的人已经把自己的头撞向人类思维的极限，并且撞得头骨破裂。因此，虽然抱正统信仰的人曾就自由思想活动早期所出现的危险提出警告，而持先进思想的人曾加以吹嘘，但也不能带来任何效用。原因是我们看见的不是自由思想活动的早期，而是濒临自我溃散的晚期阶段。

如今，由主教和虔诚的权贵来讨论怀疑论疯狂肆虐的危机并无多大的意义；怀疑论已肆虐人间。如今，由雄辩滔滔的无神论者来谈论自由思想如何揭开伟大的真理也无多大意义，我们已看到其终局。自由思想再无问题可提出，它连自己也质疑了。你很难找到一个比以下更狂乱的城市：城中的人纷纷自问：人究竟有没有自己？你难以想象比以下更充满疑惑的世界：世界内的人争相怀疑：世界上究竟有没有世界？若不是那些不能辩护、涉及亵渎上帝的法律的应用，以及现代英国体现着基督教精神这荒谬的借口，就自由思想作出衰弱无力的拦阻，它肯定会更快速、更干净利落地陷入破产的境地；尽管它可能已陷入破产的境地。激进的无神论者仍然受到不正当的迫害，不是因为他们是簇新的一小撮，而是由于他们仍旧是那群零落的少数。自由思想已经耗尽了自己的自由，并对自身的成功感到厌倦。今天，假如有自由思想家热切地为哲学自由的黎明喝彩，他只不过有如马克·吐温①小说中那个裹着毡子跑出

---

① Mark Twain（1835—1910），可说是第一个道地的美国作家，他的主要作品，用的是美国的民间材料，文体是美国土语，自他起才有完全独特风格的美国文学。知名的著作包括《汤姆历险记》、《顽童历险记》等。

来看日出的人，结果是仅仅能赶及看日落。假如有堂区的牧师仍在说自由思想扩散是相当可怕的一回事，我们只能借贝罗克①先生高昂而有力的话跟他说："我恳求你，不要为那些已消解的力量的增长而感到烦恼。你以为现在还是黑夜吗？不，现在已是早晨了。"我们再无问题可以提问了。我们已在最黑暗的角落、最原始的顶峰遍寻问题。我们已找出一切能找到的问题。现在该做的，是放弃寻找问题，全力寻找答案。

还有一点必须补充。在本书的开首部分，谈到上述各种负面的思想之前，我曾指出导致人类精神陷于崩溃的不是疯狂的想象力，而是疯狂的理性。人不会因为塑造一个一英里高的雕像而变成疯子，却会因为要用平方英寸把它思考出来而发疯。如今，有一派思想家看到这点，认为此乃振兴无宗教信仰世界的灵丹。他们指出理性是带来破坏的，认为只有意志才能创造。最终的权力，据他们所说，不是在理性，而在意志。最重要的一点不是人为什么需要一样东西，而是他的确需要这东西的事实。我没有篇幅追溯或解释这套意志的哲学。我假定这种哲学来自尼采。显然，尼采所鼓吹的所谓利己主义（egoism），未免失之天真；因为在鼓吹利己主义的当儿，尼采就已否定了它。鼓吹就等同向外赠送。首先，利己主义者称生命为无情的战争，然后自己费九牛二虎之力在战场上操练敌人。鼓吹利己主义就是实践利他主义（altruism）。姑且勿论是怎样开始的，这种观点在当前的文学中相当普遍。这批思想家主要的辩解，就是他们不是思想家，而是创造者。他们指出选择本身是神圣的。因此，对于那种认为人的行为是凭追求快乐的标准来评断的古旧思想，萧伯纳先生作出了抨击。他指出人的行动，不是由快乐驱使，而是由意志策动。他不会说："果酱可使我快乐。"他只会说："我要果

---

① Hilaire Belloc（1870—1953），法裔英国诗人、史学家、天主教辩护者和散文作家。他特别以为儿童写的轻松诗，以及浅显而优美的散文闻名，如《坏孩子的动物故事书》(*The Bad Child's book of Beasts*, 1896)。

酱。"

他的追随者以更大的热忱发扬这种想法。著名诗人戴维森①先生就是太热衷，太兴奋了，感到不得不从事散文写作。他出版了一个附有几篇长序的短剧。这对萧伯纳先生来说是自然不过的事，因为他所有的剧作都是序言：萧伯纳先生（我怀疑）是世上唯一未写过诗的人。可是，（能写极优美诗篇的）戴维森先生不写诗，反而为了捍卫意志的教义而撰写生硬的形而上学（metaphysics），这正好显示意志之说如何控制人心。此外，韦尔斯先生的语言表述也是含蓄的。他道出人若要检视现实，就不应该像思想家一般，而应该以艺术家的口吻说："我觉得这条弧线是对的。"又或说："那条线应该是这样走的。"意志之说使他们全都兴奋不已；他们或可兴奋如斯，因为他们认为凭借这种鼓吹意志神圣力量的学说，可以冲出快要崩塌的理性主义堡垒。他们自以为能够逃脱。

然而，他们是逃不掉的。纯粹高举意志，跟纯粹追求逻辑一样，只会落得破碎收场，以虚无告终。正如彻底的自由思想活动涉及对思想本身的质疑，单单相信"意志"确实会瘫痪意志。昔日对乐趣那种功利主义式（utilitarian）的检验（这表达不免冗赘，且容易误述），萧伯纳先生看不出跟他个人倡议的思想真正的分别。快乐的检验与意志的检验真正的分别，只在于前者是真正的测试，后者则不是。你可以讨论一个人跳崖的行为是否以快乐为本，却不能讨论那是否从意志而来。那当然是从意志而来。你可以赞赏一个行动，指出它是经过盘算的，为求带来乐趣或痛苦，或为求找出真相，或为求拯救灵魂。然而，你不能因为一个行动显示了人的意志而加以称许，因为这就等于说它是一个行动。称赞意志不会导致你真正选择一条较好的路，但选择一条较好的路正是你所称

---

① John Davidson，苏格兰诗人和剧作家，曾于生命末期撰写一系列"见证"宣扬自己的信念。他认为人是宇宙的量器，应该竭尽所能表现自己。他最后以自杀结束自己的生命。——译注

赞的意志的定义。

崇拜意志即是否定意志。纯粹高举选择即是拒绝作出选择。假如萧伯纳先生走到我跟前,说:"用意志吧!"那等于说:"我不介意你的意愿是什么。"那等于说:"我在这件事情上并无意愿。"你不能称赞普遍的意志,因为独特正是意志的本质。戴维森先生这么出色的无政府主义者忍受不了一般的美德,于是唤起意志的力量——姑且勿论意志的对象是什么。他想人类凭意志渴想得到一些东西。人类其实早有所想,那就是普遍的美德。他偏要与这条规律作对,告诉我们人要凭意志想望得到一些或任何东西。我们其实早有所想,想望的正是他反对的那条规律。

从尼采到戴维森所有崇拜意志的人都是相当缺乏意志力的。他们不能抱有意志;他们极难抱有意愿。有关的证据简直俯拾皆是。以下就是其中一个实例:他们常说意志是一些扩张和爆发的东西;而事实正好相反。每一个意志的行动都是自我限制的行动。要行动就是要作出规限。在这个层面上,每个行动就是自我牺牲的行动。当你选择任何一样东西,就是拒绝了一切其他的东西。这个学派的人不时就婚姻的行动提出反对,而提出反对,其实就是反对每一个行动。每个行动都是不可撤回的拣选及排除过程。就如当你娶一女子为妻,就是放弃了一切其他的女子。因此,当你选择采取一种方法,就是放弃了一切其他的方法。如果你成为英国的国王,就得放弃布朗普顿(Brompton)教区小吏(Beadle)①的职位。如果你前往罗马,就得放弃温布尔登(Wimbledon)富于诱惑的生活。正是意志这负面或规限的一面,令大部分无政府主义的意志崇拜者的说法变得近乎废话。举例说,戴维森先生叫我们毋须理会"不可"等诫命式字眼;但"不可"显而易见是"我会"隐含的一个必然结果。"'我会'去看市长的表演,你'不可'阻止我。"

---

① 行政小官一员,往往负责传递信息。——译注

无政府主义嘱咐我们毋须理会任何常规或限制，务要成为大胆而富创造力的艺术家。可是，根本不可能不管常规或限制而能成为艺术家。艺术就是规限；每幅画的本质在于框架。画长颈鹿，必须画出长长的脖子；要是你大胆而富创造力地叫自己自由地画下短短的脖子，就会发现你其实并不真正自由。踏入"事实的世界"的一刻，你同时踏入充满限制的世界。你虽然或可摆脱不兼容或偶发的规律，但绝不能避开事物本身的特性。虽然，如果你喜欢，你可以挪走困着老虎的门闩，但绝不能挪走缠在它身上的横纹。切勿奢想移走骆驼的肉峰；这只会移走它独特的身份。不要到处蛊惑人心，煽动三角形挣脱三边的捆绑；这只会叫三角形死于非命。有人写了一本书叫《三角形的爱情》(The Loves of the Triangles)；我从未看过，但我敢说如果三角形曾经被爱，那是因为它们是三个角的。对其他的艺术创作来说，情况绝无二致。艺术创作在某些方面来说是展现纯意志最明确的例子。艺术家喜爱他的限制：限制构成了他要做的东西。扁平的帆布，为画家所好；无色彩的黏土，为雕刻家乐用。

　　如果还不够清楚的话，不妨参考以下这个历史案例。法国大革命的确是一件崇高的、举足轻重的事情，因为雅各宾派（Jacobins）①意欲争取一些明确而有限的东西。他们追求的，既是民主带来的自由，又是民主赋予的否决权。他们要的是选举权，而不是头衔。共和政治（republicanism）有富兰克林②或罗伯斯庇尔③的苦行禁欲，同时又有丹敦④或威

---

① 雅各宾派为1789年法国大革命时期的政治团体，以极端激进主义和暴力闻名。
② Benjamin Franklin（1706—1790），18世纪美国启蒙运动的开创者、实业家、科学家、作家、政治家、外交家、美国独立革命的领导人之一，协助起草、修改美国《独立宣言》，学者称他是"美国革命之父"。
③ Maximilien Robespierre（1758—1794），法国革命判处路易十六死刑后，他领导了雅各宾派和救国委员会，展开恐怖统治。巴黎人民曾称他为"清廉之士"，最终仍因失去领导地位，而被推上断头台。
④ Georges Jaques Danton（1759—1794），律师，法国革命领袖，于1790年创立科德利埃俱乐部（Club of the Cordeliers），与当时的雅各宾派红极一时。他的温和作风及反对恐怖统治的立场，亦将自己送上了断头台。

尔克斯①的阔绰豪爽。因此,他们创造了内容扎实、形状坚固的东西:法国的社会公义与农民财富。可是,自此以后,欧洲这种改革或冒险的精神大不如前,因为大家碍于每个建议本身都有其限制而回避提出建议。自由主义(liberalism)降格为慷慨的行为。人类力图把"使革命化"(revolutionise)这个词语,由及物改为不及物动词。雅各宾派不仅能告诉你什么是他们极欲推翻的制度,而且(尤为重要的是)还能指出什么是他们信任而不欲推翻的制度。然而,新的反抗者却是怀疑主义者,对任何事情都不会完全信任;由于没有忠诚,所以永不能成为真正的改革者。每当他们想痛斥任何事情时,怀疑一切的态度就会带来羁绊,因为一切的谴责都隐含着某种道德学说,而现今的改革者怀疑的不独是他们痛斥的制度,而且是他们赖以痛斥的学说。因此,他们一边写了一本书,控诉专横的压制侮辱了女性的贞洁,一边写了另一本书(关于性的问题),自己侮辱了女性的贞洁。他们一边咒骂苏丹王(the Sultan),因为基督徒女性失去了童贞;一边又咒骂格伦迪太太②,因为她们守住了童贞。

　　作为政治家,他们大叫大嚷地说战争浪费生命;然而,作为哲学家,他们说一切生命都是浪费时间的。一个俄罗斯悲观主义者(pessimist)先是谴责警察杀死了一个农民,然后又用最高的哲学原则证明那个农民应该自行了断。一个人一边痛斥婚姻是谎言;一边又痛斥放荡的人不应把婚姻视作谎言。他一边称旗帜一文不值;一边又责怪波兰或爱尔兰的压制者挪走了这一文不值的东西。这学派的人先参与一个政治会议,控诉对待野蛮人像对待野兽一般;然后再提着帽子和雨伞参与一个科学会议,证明那些人实际上与野兽无异。简言之,现今的改革者是一

---

① John Wilkes(1727—1797),英国政治人物及新闻记者。早年生活放荡,多次被选入及逐出议会,1774年当选为伦敦市长,真正的成就在他扩大了英国的新闻出版自由。
② Mrs. Grundy 为莫顿(Thomas Morton,1798)剧作《加快耕耘》(*Speed the Plough*)中的人物,在英文语汇中已成为"假正经、拘泥礼法"的同义词,她最常说的一句话就是:"不知道人家会怎么说。"

个无止境的怀疑主义者,经常在破坏自己的矿藏。一方面,他们写的政治书抨击人类践踏道德;另一方面,他们写的伦理书抨击道德践踏人性。由是观之,无论反抗的目标是什么,现代的反抗者的确百无一用。当他们对一切作出反抗时,其实已失去了反抗任何事情的权利。

还可补充一点,同样的空白、破产,亦见于辛辣、骇人的文学类别,其中尤以讽刺作品为甚。疯狂也好,无政府主义也好,讽刺是预先假定了某些东西享有公认的优越性;讽刺预先假定了一个标准。街上的男孩取笑某位肥胖的著名新闻工作者时,其实正不自觉地采用了希腊雕塑的标准:诉诸阿波罗的大理石像。如今,讽刺赫然遁失于我们的文学作品中,这显示出由于缺乏辛辣背后的准则,辛辣的事情正逐渐消失。尼采天生有挖苦的才华:他虽不会大笑,却懂得冷笑;但他的讽刺总是欠缺实体,又或分量不足。原因很简单,因为讽刺背后并无普遍的道德支撑着。他本人比他痛斥的任何东西更荒谬可笑。尼采正好是那种抽象暴力遭滑铁卢的具体呈现。后来,他的脑袋变得软化,最终把他整个人拖垮;这不是什么肉身意外。要是尼采本人不是以弱智告终,尼采主义也必以低能作结。一个人只管孤立而高傲地思考,就会落得白痴的下场。每个心肠不会软化的人,其脑袋终必难逃软化的厄运。

这是逃避智力运用最后的一道板斧,结果离不开智力的运用,因此以死亡告终,突袭宣告失败。对无规律的疯狂崇拜,跟唯物论者对规律的崇拜,同样以虚空告终。攀登摇晃欲倒的高山的尼采,最终在西藏出现,在虚无与涅槃的土地上坐在托尔斯泰①身旁。两人同样地无助:一人是因为不能抓住什么;另一人则因为不能放开什么。托尔斯泰的意志被封住了,因为佛教的直觉意识告诉他,一切特殊的行动都是邪恶的。

---

① Count Leo Nikolayevich Tolstoy(1828—1910),俄国小说家、评论家、剧作家和哲学家,同时也是非暴力的基督教无政府主义者和教育改革家。著有《战争与和平》(*War and Peace*)、《安娜·卡列尼娜》(*Anna Karenina*)和《复活》(*Resurrection*)等经典的长篇小说,被认为是世界最伟大的作家之一。

尼采的意志也是被封住了，因为他相信一切特殊的行动都是美好的；而一切特殊的行动若然都是美好，那就没有任何行动是特殊的。两人同站在岔口：一人痛恨所有道路；另一人喜爱所有道路。结局是——喔，那不难估计吧！他们都走岔了。

好了（感谢神），总算完成了本书首要而又最沉闷的任务，就近年流行的思想作出了粗略的回顾。其后，我会描述一套人生观，读者也许不大感兴趣，但在任何意义上我都深感有趣。当我快要写完本页时，我面前正叠放着一大堆创意无限但无益无用的现代书。刻下抽离的态度让我不期然看到一个情景：叔本华①、托尔斯泰、尼采、萧伯纳提出的哲学终必溃碎，情景就像从高挂的气球看到木筏终必撞碎般清晰可见。他们全都走在通往精神病院的路上，盯梢着疯人院的空无；因为疯癫其中一个定义，是用精神的力量来达至精神上的无能为力；他们几乎都达到目的了。对自以为是玻璃造的人来说，思考只会导致思维的毁灭；因为玻璃是不会思考的。对意欲什么都不拒绝的人来说，意欲的正是意志的毁灭；因为意志不单是要作出选择，还要拒绝几乎一切。

当我辗转翻开那些或精妙或神奇或令人厌烦或空洞无物的现代著作时，其中一部抓住了我的目光。书名是《圣女贞德》(*Jeanne d'Arc*)，作者是法朗士②。虽然只是匆匆一瞥，却足以使我想起勒南③的《耶稣的一生》(*Vie de Jesus*)。该书奇特的论证方法与虔诚的怀疑论者不谋而合，就是借着讲述一些毫无根基的正常故事，证明一些有一定根基的超自然故事是虚假的；因为我们不能相信圣人所做的事，于是佯称完全知道他

---

① Arthur Schopenhauer (1788—1860)，德国哲学家。1851年，他完成了对作为意志和表象的世界的补充与说明，以格言体写成的《附录与补遗》(*Parerga und Paralipomena*)使他获得了声誉，瞬间成了名人。
② Anatole France (1844—1924)，法国小说家及评论家，他的尖锐讽刺和人道关怀呈现在许多作品中，1921年获诺贝尔文学奖。
③ Joseph Ernest Renan (1823—1892)，法国哲学家、历史学家和宗教学者。曾接受神学训练，但于1845年离开教会。著作《耶稣的一生》(*Vie de Jesus*, 1863)试图重构耶稣作为一个完整的人的思想，该书遭到教会猛烈的攻击，却被一般大众广泛阅读。

们在想什么。我提这两本书不是为了加以批评，而是因为好些巧合撞在一起的名字，令我想起两个璀璨的圣人形象；眼前的书霎时黯淡无光。圣女贞德并没有卡住在岔口上：她既没有如托尔斯泰般断然拒绝所有路径；又没有如尼采般完全加以接受。她选择了一条路，然后劲头十足地走下去。当我想起圣女贞德的为人，发现她身上拥有托尔斯泰和尼采的一些美德，以及两人值得容忍的地方。

我想起托尔斯泰的高贵之处：以平凡为乐，尤其是对尘世的现实、穷人、驼背汉抱有真诚、尊敬和怜悯。圣女贞德不仅一样不缺，还多了一种伟大的情操，就是她能忍受贫困，并且称颂贫穷；而托尔斯泰则只是一个想感悟贫穷之道的典型贵族。

然后我又想起可怜的尼采勇敢、高傲、可悲之处，以及他在我们这虚空、胆怯的时代引发的叛乱。我想起他呼吁人不要怕危险，务要探索那叫人欣喜若狂的平衡点。我想起他对万马奔腾强烈的渴望，以及对武器的呐喊。啊，圣女贞德也是一样不缺；不过有一重要分别：她不是歌颂战斗，而是参与战事。我们知道她是不怕军队的；而尼采据大家所知，连一头牛也害怕。托尔斯泰只是歌颂农民，他本身就是农民。尼采只是歌颂战士，他本身就是战士。就两人互不兼容的理想而言，她同时击败了他们：较其中一人温柔；较另一人激烈。她绝对是实干的人，而确实有一番作为；他们两人却是只懂空谈，一点儿作为也没有。我禁不住想起她和她的信仰也许藏有一种失落了的美善：整全而实用的道德。想到这里，霍然掠过一个更伟大的人物，圣女贞德的师傅以巨大无比的身影，乍现在我思想的剧院。

现代人的困惑不但玷污了法朗士所写的主题，而且玷污了勒南所写的主题。勒南同样把书中英雄的悲悯情怀，跟书中英雄的好斗精神分割开来。勒南甚至把在耶路撒冷公义的愤怒，描绘为一种精神崩溃的表现，紧随加利利（Galilee）那优美如田园诗的前景而来；仿佛说对人类的爱与对不人道的愤恨不能同时并存。

利他主义者以单薄微弱的声音谴责基督是利己主义者。利己主义者（以更单薄微弱的声音）谴责他是利他主义者。这种吹毛求疵的事情在当下的氛围完全可被理解。爱慕英雄较痛恨暴君可怕。痛恨英雄又较爱慕慈善家高洁。虽然有一种伟大崇高的正常情操存在，但现代人只能拾得残存的碎片。我们只能看见巨人遭砍下的残肢在眼前晃动。他们把基督的灵魂撕成荒谬的碎块，并加上利己主义和利他主义的标签。此外，他们同样地又为他不正常的伟大与不正常的温柔而感到困惑。他们把他的衣服撕开，然后抽签瓜分；尽管那是一件由顶至底都没有缝线的长衣。

第四章　仙域的伦理

从商的人经常这样训斥太理想主义的办公室的勤杂员:"啊,对呀,还年轻的时候,或会抱有这些抽象的理想、这些筑在空中的楼阁;可到了中年,这些东西就会像浮云般消散,人变得脚踏实地,相信讲求实效的政治,用自己的方法迎合世界的要求。"没错,在我小时候,一些可敬、仁慈的老人家经常对我说这些话,他们现已入土为安了。等我长大了,发现这些仁慈的老人家都在撒谎。实际发生的,跟他们所说的刚好相反。他们说我会丢失理想,渐渐相信实干政治家那一套。如今,我丝毫没有丢失理想;对一些基本原则的信念也无半分改变。我丢失的,反而是昔日那份对权术政治天真的信心。一如既往,我仍然十分关心哈米吉多顿(Armageddon)大战;但我却不怎么关心国家大选。乳臭还未干,只要听到"哈米吉多顿"这个词,我就会跳到母亲的膝盖上。不!那景象总是实在而可靠。那景象总是俨如事实。很多时候,现实世界才是骗局。我比以前同样,甚至更加深信自由主义。①确曾有一段单纯的乐观时期,我对自由党的主张和政策投以信任。

谈到我所抱有的持久信念,这就是一个好例子,因为如今追溯到个人沉思默索的根源时,我认为这或许可算作唯一明确的偏见。我从小就是一个自由党成员,一直以来都相信民主,相信人类自治这个自由主义的基本主张。如果有人认为方才的术语含糊或老套,我可以稍停下来,

---

① 自由主义是一种意识形态、哲学,以自由作为主要政治价值的一系列思想流派的集合。更广泛而言,自由主义追求保护个人思想自由的社会、以法律限制政府对权力的运用、保障自由贸易的观念、支持私人企业的市场经济、透明的政治体制以保障少数人的权利。

用少许时间解释一下民主的原则。我指的民主可以用两个主张来陈明。第一个原则是：较之于个别特殊的事情，普遍适用于人类的事情较为重要。平常的东西不仅比不平常的东西富有更高的价值，而且比它们更不平常。较之于个别的人，整体的人类应该更使人敬畏，更稀奇古怪。较之于任何权能、智力、艺术或文明的神迹，人类的神迹带来的震撼应该更栩栩如生。一个有两条腿的普通人本身，应该较任何音乐更荡气回肠，较任何漫画更扣人心弦。死亡本身较死于饥荒来得悲惨。拥有鼻子本身较拥有一个大鼻子来得滑稽。

这就是民主的第一条原则：人类重要的东西，是他们共有之事，而不是独有之事。第二条原则亦承此而来：对政治的直觉或渴望，是其中一样他们共有之事。坠入爱河较迷上诗歌富有诗意。民主认为，政府（帮助统治部落的组织）这回事有如坠入爱河，而不像迷上诗歌，并不类似弹奏教会的风琴、在精制的牛皮纸上绘画、到北极探险（好一种叫人上瘾的活动）、在空中表演回旋一圈、担任皇家天文台台长等。此等活动，我们并不期望一般人从事，除非做得十分出色。相反地，政府这回事就类似写一封情书，或擤一下鼻子。这些是我们认为该由人自己来做的事，尽管做得十分差劲。我不拟在这里争论上述观念有多真确；我知道时下有些人提出由科学家代选太太的见解，而就我所知，他们早晚会提出由护士代擤鼻子的见解。我只想指出，有好些事情，是人所公认的共有活动，而民主把政府也列入其中。简单说，民主的信念是这样的：极其重要的事情——两性交配、养育下一代、制定国家法律——必须交由一般人处理。这就是民主；对此我一直深信不疑。

然而，有一种说法，从年轻到现在我一直没搞清楚人们到底是从哪儿听来的：民主在某种意义上是反传统的。显然，传统只不过是在时间轴上延展的民主。传统就是相信从人类共同的声音得来的共识，而不仗赖孤立或专断的记录。例如，一个人如果引用某德国历史学者的话来反对天主教会的传统，就是完全诉诸知识界精英的权威了。他是以一个专家的优越地位,来驳斥一群民众那令人生畏的权威。为什么一个传说比一本史书受人或更值得受人尊奉?道理相当浅显。一般来说,传说是由村落中大部分正常人共同创建,而一本书倒是由村内一个疯子独力撰写。反对传统、极力主张前人学识不足的人也许应到卡尔顿会(Carlton Club)①请愿,顺带指出贫民窟的选举人也是学识不足的一群。当然,这种做法是行不通的。假如在处理日常事情上,我们十分重视一般人相当一致的意见,那么对待历史或神话时,我们并无理由漠视那些意见。所谓传统,可界定为选举权的延展,其意思就是把投票权赋予各阶级中最隐匿的一群:我们的祖先。传统正是死去的人的民主。传统拒绝屈从于碰巧走过的一小撮傲慢的寡头统治者。所有民主派人士都反对凭出生的意外取消一些人的资格;传统则反对凭死亡的意外取消一些人的资格。民主告诉我们不要忽视一个好人的意见,即使他是我们的侍从;传统吩咐我们不要忽视一个好人的意见,即使他是我们的父亲。无论如何,我是不能把民主和传统两个概念区分开来。我们的议会中,死去的人并无缺席。古希腊人以石投票;他们则以石碑投票,既正规又正式;因为大部分墓碑与无记名选票一样,都以一个交叉符号(cross)②作记认。

因此,首先须指出,我若有任何偏见,那无疑就是对民主,因而对传统的偏爱。在铺陈任何理论或逻辑讨论前,我乐于先检视一下个人的见解;我一直以来都较倾向相信辛劳工作的一大群,较少相信我所属的那个特殊而令人烦恼的写作阶层。我较喜爱从内里观照生命的人,接受他们的幻想与偏见;而不大喜爱从外面观察生命的人,尽管他们能极清晰地表明自己的想法。我向来都相信古老的无稽之谈,胜于老叟口中的事实;只要合乎常识,那些故事可以极尽天马行空之能事。

现在,我必须确立一个整体的立场,而我自问在这些事情上并没受

---

① 绝对保守的政治会社。1832年威灵顿公爵(Duke of Wellington)于伦敦创立,现时的会员必须坚守保守党的原则。——译注
② 原文"cross"一词语带双关,既指投票用的交叉符号,又指墓碑上的十字符号。——译注

过训练。因此，我打算逐一写下那三或四个自我发现的思想，并以我发现它们的方式写下来。然后，我将粗略地综合那些思想，总结出我的个人哲学或自然宗教。然后，我再描述我如何惊讶地发现那一切原来早已被发现——早已被基督教揭开。我将依次序详述那几条发自心底的信念。最早的一条涉及大众的传统。没有前文就传统和民主的解释，我难以阐明我的心灵体验。事实上，我也不晓得能否说个明白，只能尽量解说。

我恪守如一的哲学，是从幼儿园学回来的，我对此从没半点怀疑。我大体从一个保姆——一个民主暨传统、神圣而典雅的女祭司——学会了有关道理。那时候我最相信的和现在我最相信的东西，同样是童话故事。对我来说，童话故事完全通情达理。它们不是幻想：相比之下，其他东西反而显得奇形怪状。相比之下，宗教和理性主义同样是不正常的；虽然宗教是不正常的正确，而理性主义是不正常的错误。

所谓仙境，其实只是普通常识这个阳光普照的国度。仙境不会以尘世的观点审判天堂，而是以天堂的观点审判尘世；因此，对我来说，这起码不是从人间的角度批评仙域，而是从仙域的角度批评人间。我未曾尝过豆荚，就已认识豆茎。我还不确定月亮为何物，就已确知谁是"月亮上的人"(Man in the Moon)。这跟一切大众的传统并无二致。现代一些二三流诗人是自然主义作家，爱谈论灌木或小河；但古时史诗和神话的歌者是超自然主义作家，谈论的是灌木或小河之神。现代人指出大自然是神圣的，批评古人并不"欣赏大自然"。古时候的保姆不会告诉小孩子青草的来龙去脉，但会讲述仙子漫舞草丛的故事；古希腊人不会以眼前的大树取代树神德鲁伊①。

我在这里想弄清的是，童话世界究竟带来了什么伦理与哲学。只要细加述说，不难发现很多高尚而有益的原则，都是源自童话故事。《巨

---

① 德鲁伊（Dryads）为希腊神话中的树精，据说他们的寿命与所居住的树木是一致的。

人克星杰克》（Jack the Giant Killer）带来了隐含骑士精神的教训：巨人必须杀掉，因为他们是庞然巨物。这是人类勇敢的叛变，对抗如巨人般庞大的骄傲。这种反叛精神由来已久，其历史较一切王国还悠长，而雅各宾党人（Jacobin）①又比詹姆斯二世党人（Jacobite）②享有较悠久的传统。此外，《灰姑娘》（Cinderella）带来了像《圣母马利亚颂》（Magnificat）的教训："叫卑贱的升高"（exaltavit humiles）。此外，《美女与野兽》（Beauty and the Beast）带来了另一伟大的教训：爱一样东西，一定要在它尚未成为可爱的对象之前。还有，《睡美人》（Sleeping Beauty）这个可怕的寓言，讲述了人类虽然满有生之福气，却让死亡诅咒着；而死亡又或可软化为睡眠。凡此种种，我关心的不是仙域个别的法规，而是仙域整体的律法精神。这种精神我未懂说话已经学会，将来就是不能写作也不会忘记。我关心的是某种看待生命的方式。童话故事在我心中创造了这种方式，然后具体的事实又悄悄地加以确认。

我们或可这样加以说明。世上有某些序列或发展（一件事紧接另一件事的例子）是真真正正"合理"的，亦是真真正正"必然"的。那就是数理或纯逻辑的序列。在仙境的我们（世上最通情达理的生物）承认这种合理性及必然性。例如，如果灰姑娘两位丑姐妹的年纪比她大，那么，灰姑娘必然（铁定不变）较她的姐妹年轻；谁也逃不出这种格局。海克尔或会就这项事实大谈特谈他的宿命论，指出事情定必如此。如果杰克是一个磨坊工人的儿子，一个磨坊工人定必是杰克的父亲。冷酷的理性从其庄严的宝座颁布法规，而在仙境的我们则加以服从。如果他们兄弟三人一起骑马，就会有六头动物、十八条腿：这就是理性主义，而在仙境比比皆是。然而，当我在仙域的篱笆上探头细看自然的世界时，却察觉一样不寻常的事情。我察觉到那些戴着眼镜的有识之士正在谈论

---

① 法国历史悠久的政党，坚守极度民主和绝对平等的原则，与雅各宾修士有联系。——译注
② 英国一个政治党派，自詹姆斯二世（James II）退位后，拥护斯图亚特王室（the Stuarts）重登王位。——译注

一些诸如黎明、死亡等真实发生的事，他们谈话的语气，仿佛那些事情是合理而必然发生的，仿佛在说树会结果子的事实，有如两株加一株等于三株树的事实一样，是必然而然的。然而，事情不该如此。仙境检验的标准是极为不同的；仙境是全凭想象力作出检验。你不能想象二加一不等于三，但却很容易想象不结果子的树；可想象它们长出金烛台，或老虎以尾巴吊挂树上。那些戴着眼镜的有识之士常谈到一个叫牛顿①的人。牛顿被一个苹果击中了，然后发现了一条定律。他们却不能把一条真的定律，即一条理性的定律，跟纯粹苹果掉落的事实区分开来。如果苹果击中牛顿的鼻子，牛顿的鼻子也撞上了苹果。这才是真正的必然性：因为我们不能想象一件事发生而没有另一件事同时出现。但我们完全可以想象苹果不击中他的鼻子；我们可以幻想苹果热情地在天空中飞翔，然后击中一个它肯定较不喜欢的鼻子。在童话故事中我们常常作出清晰的区分：分辨什么是思维关系的科学，什么是物理事实的科学。前者确实有定律，后者并无定律可言，有的只是怪诞的重复。我们相信身体上的神迹，但不相信思维上不可能发生的事情。我们相信一条豆茎会爬上天堂；但这不会混淆我们哲学的信念，不会搞不清有多少豆荚才构成五颗豆荚。

　　幼儿园里所讲的故事语调和真理是独特而完美的。科学家说："把茎砍下，苹果就会掉落。"语调冷静平淡，仿佛第一个意念自必带来第二个。童话世界的女巫说："吹响号角，吃人妖魔的城堡就会倒塌。"她的口吻并无假定一件事的前因必然会导致某个后果。毫无疑问，她一定给了许多战士同样的忠告，又目睹许多城堡塌下，但她不会失掉自己的惊诧感或理性。她不会搞昏头脑，誓要找出一种必然的思维关系，把一个号角和一座倒塌中的建筑物联系起来。然而，科学家的确在搞昏头脑，

---

① Sir Isaac Newton（1642—1727），英国物理学家和数学家，系统地整理出三项运动定律，被视为古今最伟大的科学家之一。

誓要找出一种必然的思维关系，把苹果离开树枝和苹果落在地上联系起来。他们的语调仿佛在说：刻下发现的不单是一组不可思议的事实，而且是把事实联系起来的真理。他们的语调仿佛在说：两件奇怪的东西一旦在物理上联系起来，在哲学层面亦产生了联系。他们认为由于一件不能理解的东西恒常地紧随另一件不能理解的东西，两者走在一起却不知怎地合成一件可理解的东西。两个黑色的谜语合成一个白色的答案。

在仙境我们避用"定律"一词，而在科学领域他们却异常喜欢这个词。因此，就对被遗忘民族的字母如何发音做有趣的推测，他们称之为"格林定律"①。不过，格林定律在智力上远不及《格林童话》(Grimm's Fairy Tales)。童话在任何意义上都是童话，但定律却不是定律。定律意味着大家懂得它是如何归纳及制定出来的，而不只限于发现某些效应。假如有一条定律是扒口袋者就要坐牢，那就意味着牢狱的意念与扒口袋的意念之间有一种能够想象得到的思维联系，而我们懂得那是什么。我们可以解释为什么要夺去一个行为放荡的人的自由。然而，我们却不能解释为什么一颗蛋会变成一只鸡；这相较于为什么一只熊会变成了神仙小王子，不能提出更合理的解释。在意念上，较之于熊及小王子，蛋及鸡相距较远；因为没有一颗蛋本身会叫人联想到鸡，但有些王子的确令人想起大熊。

那么，假定有些改变的确发生了，我们应该以童话的哲学眼光，而不是以"自然法则"及科学的非哲学眼光加以看待，这是十分重要的。如果有人问为什么蛋会变成鸟，又或果实何以在秋天掉落，我们应该向灰姑娘的守护仙子取经。灰姑娘仙杜瑞拉（Cinderella）问：为什么老鼠会变成马匹？为什么她穿的衣服在午夜十二时就离她而去？我们应该这

---

① 格林定律（Grimm's Law）为印欧语子音转换法则，由雅各布·格林（Jacob Grimm）在他的《德语语法》一书中提出。

样回答：是魔法。那不是"定律"，因为我们不懂得其一般方程式。那不是必然的，因为我们虽则期待它真的发生，但无权假定它必然经常发生。我们期待事情会按正常的情况进展，并不能拿来论证不变定律的存在（一如赫胥黎所作出的空想）。这不是期待而是押上赌注。我们把神迹这个微乎其微的可能性押上赌注，认为它像有毒的烙饼或摧毁世界的彗星一般绝少发生。我们不予以考虑，不是因为它是神迹，因而不可能出现；而是因为它是神迹，因而当另作别论。

科学书籍使用的诸如"定律"、"必然性"、"秩序"、"趋势"等术语的确有违智性，因为这些用语假定了一种透析核心的综合，而这种综合并不存在。在描述大自然的众多字眼中，最叫我感到满意的是童话故事的一些用语，例如"魅力"、"魔力"、"迷惑"等。这些词语表达了事实的随意性及其奥妙之处。树结出果子，因为这是株神奇的树。水流下山坡，因为中了符咒。阳光闪烁生辉，因为是被施了魔法。

我完全否认这是异想天开，甚或崇尚神秘。本书稍后的篇幅会谈到神秘主义的问题；这里所指的那种童话式语言纯粹是理性的、带有不可知论的成分。只有用这种文字，我才能表达一个清晰而明确的观念：有一种东西跟另一种东西是颇为截然不同的，飞翔与下蛋之间并无逻辑关联。那些谈论自己看不透的"定律"的人才是神秘主义者。不仅如此，一般的科学家其实是不折不扣的感伤主义者（sentimentalist），在最本质的意义上多愁善感，沉浸在纯联想中并遭其冲走。由于经常同时看到鸟儿飞翔及下蛋，因而感到两者仿佛有一种朦胧、微妙的联系，其实两者并无关联。正如一个被遗弃的情人也许不能把月亮和失恋分割，唯物论者不能使月亮和潮汐脱钩。两个例子的事物本身并无关联，唯一的联系，就是大家看见它们同时出现。一个感伤主义者嗅到苹果树花的气味或会掉下眼泪，因为他暗自联想起自己的童年。那个唯物论的教授（虽然把眼泪隐藏了）更是一个感伤主义者，因为苹果树花叫他暗自联想起苹果。仙境中冷峻的理性主义者就是不明白，为什么在理论上苹果树不应长出深红色的郁金香；这种事情在他的国家偶有发生。

对事物基本的惊诧之心并不纯粹来自童话的幻想。刚刚相反，童话故事生动的想象力正是从这种惊诧之心而来。正如我们全都喜欢爱情故事，因为当中潜藏着性的本能；我们全都喜欢令人惊讶的故事，因为由来已久的惊讶本能给触动了。事实可以证明这点：孩提时代，我们并不需要童话；我们只需要故事。生命本身已够有趣了。年约七岁的孩子听到汤米打开门后看见一条巨龙，感到相当兴奋。不过，年仅三岁的小童单单听到汤米打开门就兴奋不已。小男孩喜欢浪漫的故事；但幼童却喜欢真实的故事——因为他们觉得真实的故事十分浪漫。其实，我认为除了婴孩以外，人们都会感到时下的现实小说枯燥乏味。这证明了就算是幼儿园那些故事，也只不过是呼应行将诞生、跃跃欲动的兴趣和惊奇。这些故事说苹果是金色的，只不过是在唤起遗忘了的时刻，叫大家记起苹果从前是绿色的。这些故事说山川流着酒水，只不过是在唤起我们片刻狂烈的记忆，叫大家记起山川从前是流着清水的。

我曾说过，这完全合乎理性，甚至带着不可知论的色彩。其实，就这点而言，我完全赞同堪称"无知"的高等不可知论。在科学书籍和各种浪漫作品中，我们都读过忘记自己姓名的人的故事；这个人走在街道上，对眼前的一切满心欣赏，就是记不起自己是谁。不错，每个人都是故事中的那个人，每个人都忘了自己是谁。人或许可以了解宇宙，却永不认识自我；自我比天边的星星还遥远。当爱主你的神，但不当认识自己。我们全都面对同样的心灵灾难，我们全都忘了自己的名字。我们全都忘了自己到底是谁。那一切我们所称的普通常识、合理性、实用性、明确性只不过表示：在生命中某些静止时刻我们忘了自己忘记了。那一切我们所谓的灵性、艺术、狂喜只不过表示：在生命中某个庄严的时刻，我们记起自己原来忘记了。

虽然，我们（像小说中没有记忆的人）抱着智力有缺憾的感叹心走在街道上，那毕竟仍是感叹：不仅仅是拉丁语的感叹，也是英语的感叹。惊诧之心带有赞赏的成分。这是我们步向仙境另一明确的里程碑。下一章我将谈到乐观主义者和悲观主义者的智力问题，当然是按其本身或许存在的智力而言。这里只尝试形容那种庞沛又难以形容的感觉。生命的宝贵，诚如生命的迷惑，令人感受至深。生命带来狂喜，因为是一场历险；生命是一场历险，因为是一个机遇。童话的美善不会因为戾龙较公主多而变质；童话世界始终叫人乐在其中。检验幸福的标准是感激之心；而我心里泛荡感激，虽然不知该向谁表达。当圣诞老人把玩具或糖果放进礼物长袜时，小孩子会心存感激。当圣诞老人把两条神奇的腿当作礼物放进我的长袜时，难道我能够不心存感激吗？收到雪茄或便鞋，我们会多谢送上生日礼物的人；收到出生这份生日大礼时，难道我能够不多谢馈赠的人吗？

然后，随之而来的，是两种无可辩解又不容置疑的首要感觉。世界是令人震惊的，但又不止于震惊；存在是令人诧异的，却是怡人的诧异。确切地说，自孩提时代，我的脑海已滞留着一个谜，我所有首要的观念正好借这个谜表达出来。问题是："第一只青蛙说了什么？"答案是："主啊，跳跃是怎么一回事啊！"这简洁地说明了我一直说着的话。神使青蛙跳来跳去，而青蛙又偏爱跳来跳去。解决了上述这些问题后，就可进入童话哲学的第二大原则。

只要读过《格林童话》或安德鲁·兰格①先生精彩的童话系列的人，都会看到这条原则。请容我享受卖弄学问的乐趣，我会称之为"有条件的欢乐原理"。莎翁丑角塔奇斯通②常以"假如"的格式谈论美德；根据仙域的伦理，一切美德都是以"假如"的格式体现的。仙子说话的方式经常是这样的："只要你不说'牛'这个字，就可住在黄金和蓝宝石建造的皇宫。""只要你不给国王的女儿洋葱头，就可快活地与她一起生

---

① Andrew Lang（1844—1912），穷其 25 年的时间，采集和编辑来自世界各国、各民族的传统神话和民间故事，与《安徒生童话》和《格林童话》相比，具有更为广泛的代表性。
② Touchstone，为莎士比亚喜剧《皆大欢喜》（*As You Like it*）中的丑角。

活。"美丽的前景往往系于一道戒条。要得到那一切令人目眩而又无与伦比的东西,你得遵从一个小小的规条。一切异想天开、使人眼花缭乱的东西得以释放出来,全靠禁止了一样东西。叶慈①先生在他精湛而富洞察力的仙域诗歌中,以不受法纪约束来形容住在仙域的小精灵;他们乘坐天上脱缰的骏马冲进无邪的混沌中:

> 乘着潮水蓬松的浪峰,
> 在群山中飞舞如烈焰。

说叶慈先生不认识仙境,真是难以启齿;但我的确要这样说。他是一个善于讽刺的爱尔兰人,满有智慧的看法。要了解仙境的事情他未免太聪明。仙子较喜欢像我这样的乡巴佬:目瞪口呆、龇牙咧嘴,听到什么就依吩咐行事。叶慈先生把自己民族一切公义的暴动都读进仙域里;但爱尔兰的无法无纪正是基督教世界的无法无纪,要靠理性和公义才能圆满。芬尼亚分子(The Fenian)②反抗的是该组织极其了解的事情;但仙境真正的国民遵循的是一些他们不大了解的事情。在童话世界中,不可思议的幸福是取决于不能理解的条件。盒子打开了,邪魔就倾巢而出。忘了一个字,城市就毁于一旦。点燃了油灯,爱情就蓦地消失。摘下了花朵,人命就让无情夺去。吞吃了苹果,对神的盼望就荡然无存。

童话的语调就是这样,绝不是毫无法纪,也不是自由放任,虽然现今活在卑劣暴政下的一群或会认为相比之下这已是自由放任的了。身陷

---

① W. B. Yeats(1865—1939),爱尔兰诗人、剧作家,著名的神秘主义者,"爱尔兰文艺复兴运动"的领袖,于1923年获得诺贝尔文学奖,获奖的理由是"以其高度艺术化且洋溢着灵感的诗作,表达了整个民族的灵魂"。著有叙事长诗《乌辛之浪迹》(*The Wanderings of Oisin*)、《凯尔特曙光》(*The Celtic Twilight*)等。
② 芬尼亚运动(Fenian Movement)是19世纪60年代在爱尔兰、美国和英国进行活动的爱尔兰民族主义社团,芬尼亚分子指其成员。

波特兰监狱（Portland Gaol）①的人或会认为弗利特街（Fleet Street）②的人享有自由；但仔细研究就会证明仙子和新闻工作者同样是责任的奴隶。负责守护主角的神仙教母起码看起来像其他教母般严格。灰姑娘从仙地得来一辆马车，不知从哪里得到一个御车夫，但同时收到一个指令——一道或许来自布里斯顿（Brixton）③的命令——吩咐她午夜12时之前必须回家。此外，她有一双玻璃鞋；而玻璃在民间故事中频频出现，这种铺排不可能纯属巧合。这个公主住在玻璃城堡中；那个公主居于玻璃山上；这个通过镜子看见一切；只要不抛掷石子，他们或可全都住进玻璃大宅中。这种到处都是、单薄而亮丽的玻璃正表达了一个事实：幸福是光灿而易碎的，就好像最容易被女佣或花猫打碎的东西。

这种童话故事的感触在我心中沉淀，成为我对整个世界的感触。无论昨日或今日，我同样感到生命像钻石般闪烁夺目，又像窗玻璃般易碎易坏；若以这可怕的水晶比拟天堂，我还记得自己打了一个颤。我害怕哗啦一声，神就把宇宙砸碎。不过，有一点必须记住，容易打碎不等于容易毁灭。玻璃受到撞击，就是一秒也抵受不住；但只要不迎头碰撞，千年也不会消亡。在仙境或在尘世，这似乎就是人类的喜乐所在；幸福系于不做一些随时可做的事情，而那些事情为什么不应做，你往往摸不着头脑。

这里想指出的是，我向来并不认为这有什么不公平的地方。假如磨坊工人的三儿子问仙子："请解释为什么仙国的皇宫不准许我倒头而立？"仙子或会巧妙答道："噢，你既有此问，那请你先解释什么是仙国的皇宫。"假如灰姑娘问："为什么我要在12时前离开会场？"她的守护仙子或会答道："为什么你要到12时才离开？"假如我在遗嘱中把

---

① Gaol 即 Jail，同指监狱。——译注
② 传统以来伦敦报社集中的街区。——译注
③ 伦敦一所监狱。——译注

10 只会说话的大象和一百匹双翼飞马赠给一个人,附带的条款是礼物稍为古怪。那个人不能因此抱怨。他不应噘起嘴如双翼飞马。对我来说,存在本身就是非常古怪的遗产,我不能因为不理解有限的视力,而抱怨不能理解视力的限制。框架不见得较图画奇怪。禁令或像视力般荒诞,像太阳般震撼,像河水般迷蒙,像高耸的大树一样奇幻而骇人。

基于这个原因(我们或可称之为守护仙子哲学),时下青年所称的那种普遍反叛情绪,我从不能有同感。任何邪恶的规则,我应该早已作出反抗(但愿如此),本文下一章将讨论这些规则及其定义。可是我并不愿意以神秘为理由反抗任何规则。有时候,产业是由愚蠢的形式来持有,例如折断的木条,又或作租金支付的胡椒粒。我乐意凭这种封建的怪念头持有天地间庞大的产业。较之于容让我持有产业的事实,这种怪念头算不上十分奇特。就这一点,让我以一个伦理的例子来说明我的意思。崛起的一代对一夫一妻制普遍存有轻微的不满,我从来都不能与他们打成一片。原因是没有任何对性的制约比性本身看来更奇特而突如其来。被允许像恩底弥翁①般向月亮求爱,然后抱怨丘比特(Jupiter)把自己的众月留在伊斯兰教的闺房中;这对(恩戴米昂式童话哺育长大的)我来说,是一个鄙俗的反高潮。相较于跟一个女人交往,忠于一个女人只需付出小小的代价。抱怨只能结婚一次就像抱怨只能出生一次,与当中涉及的无比兴奋绝不能相提并论。这个抱怨显示的不是对性的极端敏感,而是异乎寻常的不敏感。人如果因为不能同时通过五道门进入伊甸园而发出抱怨,他一定是个傻子。一夫多妻制就是对性缺乏认识;就像一个人心不在焉地采下五颗梨子一样。唯美主义者(aesthetes)就可爱事物所写的颂文,已触及不正常的语言的极限。蓟种子冠毛叫他们哭泣;光亮

---

① 《恩底弥翁》(*Endymion*) 为济慈(John Keats, 1795—1821)的四千行长诗,在这首长诗中,济慈对古典希腊罗马神话的喜爱与想象力被发挥得淋漓尽致。

的甲虫叫他们跪下。他们的情感没有带给我一瞬间的感动。正因这样，他们从不感到要付出任何具有象征意义的牺牲，来买下这份乐趣。有些人（我以为）可以为了黑鸟的歌声而禁食四十天，有些人或会为了寻找一株黄花九轮草而赴汤蹈火。然而，这些美丽的爱好者竟不愿为了佳人有所付出，不愿为黑鸟而有所节制，不愿为了答谢黄花九轮草而接受一般基督徒的婚姻的束缚。当然，在一般道德行为上，人或能买下非比寻常的喜乐。王尔德①曾说日落不受珍视，因为我们不能靠付出什么来买下日落。王尔德的说法是错的；我们是能够买下日落的；只要不成为王尔德就行了。

　　自从我把童话故事遗留在幼儿园的地板上，我再也没有碰上更合乎情理的书了。自从我离开传统和民主的保姆后，我再也没有遇上比这两者更健全而激进或健全而保守的现代理念了。在这里要评论的重点，是当我初次踏进现今社会的精神氛围中，就发现有两个从我的保姆和童话而来的论点是完全不被接受的。我花了很长的时间才能断定，社会是错的，而我的保姆是对的。真正奇怪的事情，是现代的思想在两个最基本的义理上否定我孩提时代的基本信念。前文已解释了童话故事使我的两个信念得以圆满。其一，这个世界是奇异和令人惊诧的地方，它可以完全不是这个样子，但这个样子叫人感到惬意。其二，在奇异和惬意跟前，人或许必须谦卑，服从于如斯古怪的美善附带着的极其古怪的限制。可是，我发觉现今社会所走的方向，正与我这两种亲切的认知背道而驰，这种冲突的震荡制造了两种突然而自发的情感——我自此开始拥有；尽管粗糙，却深化成为信念。

　　首先，我发现整个现代社会都谈论着科学宿命论，认为一切必须从来就是这个样子，要打从开始一刻就毫无错误地呈现出来。树上的叶子

---

① Oscar Wilde（1854—1900），爱尔兰才子、诗人、剧作家，唯美运动代言人，知名作品为《道林·格雷的肖像》(*The Picture of Dorian Gray*)、《温夫人的扇子》(*Lady Windermere's Fan*)。

是绿色的，因为从来不可能是别的颜色。然而，童话哲学家喜见绿色的叶子，正因为叶子可能曾经是猩红色的，仿佛在一秒前才变绿的。童话哲学家喜见白色的雪，持有充分的理由相信以前的雪可能是黑色的。每种颜色都有一种鲜明的特质，似乎是经过选择的；园中玫瑰的红色既坚决又富戏剧性，像突然溢出的鲜血。童话哲学家感到有些事情成就了。相反地，19世纪伟大的决定论者（determinists）强烈反对这种认为事情在一秒前发生的原始感觉。根据他们的想法，自太初以来，没有什么事情发生过。自存在发生以来也没有什么发生过；甚至乎存在何时开始他们都不能确定。

其次，我又发现对信奉现代加尔文主义的人来说，当今的社会是牢固的，因为事物必须固定不变。可是，当我仔细探问，就发现认为事物无可避免地重复的说法，没有真正的证据支持，有的只是事物不断重复的事实。对我来说，纯粹的重复叫事物看似怪诞多于合理。就像在街上看见一个奇形怪状的鼻子，我会简单地视之为意外；其后，我看见六个同样怪诞的鼻子，霎时间我难免猜想那是某个本地秘密组织的杰作。因此，一头大象有一个长长的鼻子是怪异的，但所有大象都拥有长长的鼻子就是密谋。这里只想指出一种情感，一种既顽强又微妙的情感。有时候，大自然的重复看似一种令人兴奋的重复，俨如一个愤怒的校长不断重复说着同一件事。小草看似同时用所有手指向我示意；拥挤的星星看似一心要取得别人的了解。升起一千次的太阳，叫我不能不注目。宇宙万物以叫人受不了的节奏不断重复着，我心中豁然一亮。

一切高耸的、控制现代人心灵的唯物论最终都是建基于一个假设：一个错误的假设。唯物论假定一件东西若不断重复自己，它可能是静止的死物：一个机械的钟表装置。一般人认为宇宙若有位格就会变调变奏，太阳若有生气就会翩翩起舞。就已知的事实来说，这显然是一个谬误，因为人事的变更通常是由死亡而非生命带动，由力量或欲望的减退或消亡引致。一个人走动的步伐改变了，是由某种不良因素导致，例如力有不逮或身体疲倦等。他乘搭公共汽车，因为厌倦了走路；又或他之所以走路，是因为厌倦了呆坐。假如有充沛的生命力或喜乐，他或会如泰晤士河（Thames）有规律地流向希尔内斯（Sheerness）般走到伊斯林顿（Islington），他生命的速度和狂喜其实夹杂着死寂的静止。太阳每天早上升起，我却不是每天早上起床；变化不是因为我活跃，而是由于我懒惰。用流行的说法来表达，就是说太阳有规律地升起，或许真的是因为它从不厌倦升起。太阳固定的动作绝不是由于它死气沉沉，而是由生命的奔腾所带来。当小孩碰到一些特别喜爱的游戏或笑话，也会出现这种情况。小孩有节奏地踢着自己的双腿，是生命力旺盛、而非贫乏的表现。小孩有耗之不尽的活力，而且心灵狂热奔放，因此希望事情不断重复、恒常不变。他们常说："再来一次吧！"成年人只会在临死前才意欲再来一次，因为大人并没有无穷的精力，让他们能沉醉在单调中。不过，神的力量源源不绝，足够为单调欢欣。情况有可能是这样的：每天早上，神对太阳说："再来一次吧！"每天晚上，神对月亮说："再来一次吧！"每朵外表酷似的雏菊不一定是自动、必然而然产生的，每一朵也许是神亲手制造，而神又从不感到厌倦。也许，神仍处于婴孩期，对世上的事物有一种不休止的喜爱；而随着我们犯罪、变老，天父比我们还年轻呢！大自然的重复不等于事件纯粹再现一次；有可能是戏剧性地再演一次。也许，鸟再生蛋是上天再来一次的表演。也许，人之所以怀孕生下小孩，而不是生下一条鱼、一只蝙蝠或一头狮身鹰首兽，不是由于无生命、无目的之动物宿命预定了一切。也许，是我们小小的悲剧感动上苍，叫坐在繁星密布的楼座上的诸神也感到惊讶，于是在每台戏结束时，把人一而再、再而三地召到幕前。重复可以纯粹基于选择而持续千百万年，又可以在任何时刻戛然而止。人或许一代接一代地在地上存活，但每一次诞生都是积极而最后的一回。

这就是我第一个信念，从儿时的情感碰撞现代人信念而来：一份到了事业中期出现的震荡。我一向隐约感到一些事实是神迹，只因它们是奇妙的。如今我渐渐认为那些事实是神迹，皆因它们是故意的。我的意思是它们或可能是某种意志的重复活动。简言之，我一向相信世界有一种不可思议的力量；如今我相信也许世界有个魔法师施行不可思议的力量。这道出了一种深奥的情感，它向来存在，并且蛰伏于潜意识中：我们的世界存有目的；若存有目的，就存有位格。我一向感到生命首先是一个故事；若是故事，就该有说故事的人。

第二个我对人类传统的信念，就是世上的一切就像童话世界一样有严格的限制和条件；而现代人的思想跟这种信念同样背道而驰。现代人爱谈论扩张与巨大。斯宾塞①若听到有人称呼他为帝国主义者（imperialist），一定会极其不快；但极其可惜的是竟没有人这样称呼他。他其实是最低等的帝国主义者。他推广着一个不值一顾的观念：太阳系的体积应该慑服人类的精神学说。为什么人的尊严要向太阳系而非一条鲸鱼投降？假如单就体积就可证明人不是按神的形象而造，那么鲸鱼可能更似神的形象：一个无形状的形象；又或一个可称之为印象派画家笔下的肖像。人较宇宙微小的争论是徒劳无益的；因为就是跟最邻近的一棵树比较，人都是微小的。可是，斯宾塞那轻率莽撞的帝国主义思想或会坚持，我们某种程度上已被极巨大的天文宇宙给征服、并吞了。他谈论人类及其理想的语调，恰恰如傲慢无礼的统一党（Unionist）谈及爱尔兰及其理想的语调。他把全人类变成一个细小的民族。其不良影响甚至可见于后来一些最具生气、最可尊敬的科幻小说作家，其中以韦尔斯早期的虚构故事尤为明显。许多道德主义者夸大其辞地把人间一切形容为邪恶的；韦尔斯一派则把天上一切画上邪恶的记号——请抬起你的眼睛看看天上的星星，那里就是毁灭苍生的源头啊！

---

① Herbert Spencer（1820—1903），英国社会学家和哲学家，社会达尔文主义理论的倡导者。他认为社会文化演化是一个不断"个性化"的过程，个体天赋的卓越将压倒社会，而科学将压倒宗教。著有九卷《综合哲学》(*System of Synthetic Philosophy*)。

远较这一切邪恶的，是把上述所说的加以扩充的思想。我曾指出，唯物论者俨如身陷囹圄的疯子，困囿于思想的监狱中。这些人似乎认为不停地说着监狱很大很大，就会带来非凡的灵感。从科学角度看宇宙的大小，并不能带来什么新意或宽慰。宇宙虽然生生不息，但若不是星罗棋布、卦象万千，就没有任何真正有趣的东西了；原谅、自由意志等就是所谓有趣的东西。宇宙本身的伟大或其无限的奥秘并不能增添乐趣。就像向里丁（Reading）监狱的囚犯宣告一个喜讯：监狱的范围已扩展至半个里丁郡了。狱吏并没有什么能展示给囚犯看，除了愈来愈多阴森可怖的长石廊；石廊上死寂的灯光亮着，空无一点人情。同一道理，这些叫宇宙无限膨胀的人没有什么能展示给我们看，除了太空中愈来愈多不见尽头的长廊；长廊上死寂的太阳高照，空无一点神圣。

童话世界存在着真正的规条；但规条是可以打破的，因为规条的定义就是一些能打破的东西。但这宇宙牢狱的机械装置却是不能打破的，因为我们自己只是装置的一部分。我们要么不能做一些事情，要么注定要做一些事情。那个"神秘的条件"的意念完全消失；人既不能秉持守戒的坚决，也不能享受破戒的乐趣。如斯巨大的宇宙竟无一点新鲜的空气，一个突破的缺口——一些在诗人的宇宙备受称许的东西。这个现代人的宇宙形同一个不折不扣的帝国，虽则宏大，却不自由。人走进愈来愈大无窗的房间，房间拥有巴比伦式奢华的景观，却容不下一个极小的窗子，或一缕外来的清风。

地狱似的东西看来好像凭拉开距离来扩充；然而对我来说，一切美好的东西却如刀剑般是逐渐变尖变小的。由于大宇宙论自夸的说法使我感到不安，我曾就此作出小小的争辩，随即发现整个见解甚至比想象中肤浅。根据这些人的看法，由于服膺于不能打破的规则，宇宙从来是一样东西；只要（他们或会说）宇宙是一样东西，它就是唯一在此的东西。既然这样，大家又何需特别着急要称宇宙为巨大呢？根本没有什么可拿来与它比较。称宇宙为微小的亦同样合理。一个人或会说："我喜欢这个宏伟的宇宙，尤爱天上密麻麻的星星，以及挤满地上的众多生物。"若是这样，何不说："我喜欢这个舒适微小的宇宙，尤爱天上不多不少的星星，以及地上供应量恰到好处的牲畜。"两种说法各有千秋；两者都纯属情绪。因着太阳较地球巨大而充满喜悦是一种情绪；因着太阳不比自身巨大而充满喜悦同样是一种正常的情绪。一个人既可选择对世界的浩瀚有所感触，也可选择对世界的渺小而有所感触。

碰巧我就是独爱渺小的人。人会以小词（diminutives）来称呼喜爱的事物，就是对大象或近卫骑兵也不例外。原因是无论事物多庞大，只要能看成完整的，都可看成微小的。要是只看见军人的八字须而不见剑柄，只看见大象的长牙而不见尾巴，一件物体就会变得十分巨大，因为无边无际、难以计量。你的脑海若出现一个近卫骑兵，他一定是个小骑兵。你的脑海若浮现一头大象，你应能称它为"小娃娃"。你若能制造一个雕像，就必能按照它制造一个小雕像。那些人宣称宇宙是一件连贯的东西，却不爱它。我却极爱宇宙，想用小词来称呼它。我经常这样做，它似乎并不介意。事实上，较之于称世界为巨大，我确实认为称世界为微小更能表达那些朦胧的活力信条。所谓无限，隐含了一种满不在乎的淡漠，跟那种对生命的无价和危险所抱有的狂热及虔敬恰恰相反。那些人展现的，不过是一种令人生厌的浪费；而我感到的，却是一种神圣的节约，因为节俭远较奢华浪漫。对那些人来说，星星只是永不会耗尽的半便士；而金色的太阳和银色的月亮对我来说，就像学童拥有一磅金币和一先令银币。

潜意识的信念最能通过某些故事的色彩及语调描绘出来。因此，我曾指出，魔法的故事本身足以表达我对生命的感觉：生命不仅仅是一种乐趣，而且是一种古怪的特权。至于这种对宇宙的温馨感觉，则可引用另一本故事书来表达。不少人曾在少年时代读过《鲁宾逊漂流记》（*Rob-*

inson Crusoe）①，我也不例外。这本书之所以历久常新，是由于它歌颂限制的优美，甚至歌颂节俭的原始浪漫。小说中的鲁宾逊栖身在一块小石头上，他刚从大海夺回少许慰藉：书中最好的东西只是从遇难船取回的一些物品。最富诗意的东西是一张清单。每件厨房工具都变得完美，因为鲁宾逊几乎把它们丢失在大海中。在人生空荡或困顿的日子，能够细看每一样事情是很好的练习。试想，煤桶也好，书架也好，人若能从沉船中捡回并带到孤岛去是何等幸福呢！能够记得一切东西如何死里逃生、如何从海难中拯救回来，更是极好的练习。每个人都曾有一次恐怖的历险，都侥幸逃过了一次大劫，不至于因为生不逢时、胎死腹中而成为永不见光亮的婴孩。在我的童年时期，常听人谈论怀才不遇、英雄无用武之地等事情，那时候有一个流行的说法：许多人都是"大材小用"的潜在伟人。我却看见一个较可靠而令人惊讶的事实：街上任何一个人都是"小材没误用"的伟人！

说起来或许有点傻气，但我确实认为一切的秩序和存在物就好像鲁宾逊那艘失事船浪漫的残迹。我们拥有两种性别和一个太阳，就好像拥有两支手枪和一柄斧头一样。至为紧急的，是一样都不该遗失；而颇为有趣的，是一样都不能增加。树木和行星看似从残骸中拯救回来的。当我看见马特洪峰（Matterhorn），不禁为它没有在混乱中隐没而感到欣慰。对一颗颗宛如蓝宝石的星星，我会十分省俭。（弥尔顿的伊甸园就是称星星为蓝宝石的。）此外，我把山脉贮藏起来。这是由于宇宙是一颗独一无二的宝石，一般行话所称宝石无可比拟、珍贵无比，用来形容这颗宝石亦十分恰当。宇宙的确无可匹敌、无价可估：因为根本没有第二个宇宙。

---

① 《鲁宾逊漂流记》（*Robinson Crusoe*），作者迪福（Daniel Defoe）涉猎广泛，举凡政治、地理、犯罪、宗教、经济、婚姻、心理，乃至迷信，有数百部作品。1719 年迪福根据苏格兰水手萨尔喀克（Alexander Selkirk）及一些人的回忆录，写成了《鲁宾逊漂流记》，这部重要作品以自传形式写成，旨在宣扬道德，教化人心。

本章旨在表达那不可能表达的事情，理由若看似不够充分，也是在所难免的。总的来说，这些就是我对生命基本的看法，教义的种子就是在这样的土壤上孕育的。我未懂写作已隐约有这些想法，我未懂思考已隐约有这些感觉。为了方便下文的讨论，使思路更加明晰，我现在粗略地作出以下的概括。首先，我打从心底里感受到世界是不会自我解释的。世界可能是一个从超自然角度才能解释的神迹，又或只是一个从自然角度便能解释的魔术玩意儿。如果是后者，若要使我感到满意，就必须较我听闻的自然解释更富说服力。孰真孰假，那是一种不可思议的力量。第二，我感到不可思议的力量应该蕴含意义，而意义背后应该有创造意义的人。世界上的事情有如带着个人色彩的艺术品，无论背后的用意是什么，意图一定是强烈的。第三，就那个用意而言，我认为最初的设计是美好的，尽管有一些瑕疵，例如怪兽，但瑕不掩瑜。第四，最恰当表达感激之心的方式是谦卑和节制：我们当感谢神赐予啤酒和勃艮第葡萄酒，但不喝太多，以示谢意。此外，那创造我们的，不管是什么，我们必须服从。最后一点，也是最奇怪的一点，我的脑海浮现出一个模糊而广泛的印象：在某方面来说，一切美善之事都是从原始时代的废墟中贮藏并神圣地保存下来的。人救回了自己的美善，有如鲁宾逊从破船中捡回自己的物品。这就是我所感受到的一切，我们的年代却没有就此给我鼓励。这时候，我压根儿没想过基督教的神学思想。

第五章　世界的旗帜

在我还是小孩的时候，有两个怪人走来走去，一个叫乐观主义者（optimist），一个叫悲观主义者（pessimist）。虽然我频频使用这两个词语，但我得由衷地承认，我压根儿不晓得它们真正的意思。唯一可视为显而易见的，是这两个词语并非指其所指。一般来说，认为世界极尽美好的是乐观主义者，认为世界极尽丑恶的是悲观主义者，这是文字上常见的解释。显然，这种讲法完全是胡说八道，我们得设法另找其他的解释。乐观主义者不可能意指那些认为只有对没有错的人，因为这是毫无意义的，就等于左右不分、一切皆称为右方一样。整体而言，我得出的结论是：乐观主义者认为一切皆是美好的，悲观主义者除外；悲观主义者则认为一切都是丑恶的，自己除外。公平起见，我们应把一个神秘而富于暗示的定义一并考虑："乐观主义者关心你的眼睛；悲观主义者关心你的脚步。"据说这个定义是由一个小女孩提供的。我不肯定这是否为最佳的定义。这个解释毕竟带点寓意的真理，因为它就两者作出了一个或许叫人获益良多的区分：把沉郁的思想家跟快乐的思想家分辨出来；前者时刻只顾想着与地面的接触，后者则着眼于视觉及选择道路的基本能力。

无论选择做乐观主义者还是悲观主义者，这个选择本身就是一个很大的错误。他们假定批评世界有如到处找住房、有如前往察看待出售的套房。一个由另一个世界来到这个世界且权柄完全在握的人，或会讨论仲夏的树林能否弥补疯狗肆虐的缺点；就好像一个寻找寓所的人，或会就电话设施与房间景观的得失作出比较。可是，没有人是处于这个位置的。人发问属于世界好不好之前，已属于这个世界。人未曾从军，已为旗帜战斗，并经常取得伟大的胜利。让我把这似乎最重要的事情说得简单点，早在人未曾感到赞叹前，就已对世界怀有一份忠诚。

上一章指出，童话是最能表达那种认为世界既奇怪又吸引人的基本感觉。读者喜欢的话，可以把好打斗甚至近乎极端爱国主义的文学作品视为下一个阶段；在男童的成长历史中，这是一般人继童话后接触的作品。我们健全的道德观大多来自廉价的惊险小说。不论是什么原因，我从前和现在都认为，较之于批评和嘉许，军事上的忠诚较能表达我们的生存态度。我接纳宇宙万物，不是基于一种乐天精神，而是出于一种近似爱国主义的精神：一种基本的忠诚。世界不是布莱顿的一个公寓房间，环境恶劣便随时迁走。世界是家庭的一幢堡垒，塔楼的旗帜正迎风飘扬；环境愈是恶劣，我们愈是要留下来。因此，问题不在于这世界是否糟糕得不值得爱，又或美丽得不能不爱。问题在于：你若真正爱一样东西，美丽是你爱它的原因，糟糕是你更爱它的原因。对英国的爱国主义者来说，各种对英国乐观和悲观的看法，全都是爱英国的理由。同样地，对宇宙的爱国主义者来说，乐观主义和悲观主义提出的论点，全都是爱宇宙的论点。

设想我们正面对一种叫人绝望的事物，就以皮米里科（Pimlico）①为例吧！假如我们细想有什么对皮米里科来说是最好的，我们不期然想到皇座，或那神秘而任意的力量。单单不喜欢皮米里科于事无补：在这种情形下，人要么自割喉咙，要么迁往切尔西②。当然，单单喜欢皮米里科同样于事无补：因为这只会叫皮米里科维持现状、糟糕依旧。爱皮米里科，似乎是唯一的出路：以一种超越的联系、不问任何世俗情由地爱这个地方。爱皮米里科的人一旦崛起，这个地方就会冒起象牙装饰的塔楼和金色的小尖塔；皮米里科就会好像一个被爱的女人一样盛装打

---

① 伦敦霍斯顿（Hoxton）郊区的热闹场所，从前以酒吧林立、麦酒、烤饼闻名。——译注
② 自16世纪，切尔西（Chelsea）就以高雅时髦的住处著称，幽静的住宅街道两旁均是优美的古老建筑物。

扮。这是由于饰物不是为了掩饰丑恶,而是用来装饰本来可爱的事物。母亲为孩子佩戴蝶形领结,不是因为不戴上就会难看。情人送项链给女孩,不是用来掩盖她的粉颈。人若爱皮米里科,有如母亲执意地爱子女般(只因子女属于自己),这个地区或许不消一两年就会胜过佛罗伦萨(Florence)。有些读者或以为这纯粹是幻想。我会指出这正是人类的真实历史。事实上,这正是城市如何变得伟大的原因。回顾人类文明最隐秘的根源,不难发现其须根要么结牢于某块神圣的石头,要么盘缠着某口神圣的古井。人先向一个地方致敬,其后就引以为荣。古时的人不是因为罗马伟大而爱它。罗马伟大是因为古时的人爱它。

18世纪的社会契约论(theories of the social contract)①在我们年代惹来甚多笨拙的批评。社会契约论显然是正确的,若然学说所指的是各个历史上具重大意义的政府背后,藏着一个满意与合作的概念;社会契约论委实是不对的,假如学说认为人向来通过有意识的利益交换,直接追求秩序或伦理。道德是怎样开始的?一个人向另一个人说:"只要你不打我,我不会打你。"这种交易并无什么根据。一个人向另一个人说:"在神圣的地方,我们不要打架。"这种交易却有迹可寻。人通过捍卫宗教建立道德。人不用培养勇气。当人为神殿而战,就发现自己变得勇猛。人不用追求洁净。人为圣坛自我净化,然后发现自己变得纯洁。犹太人的历史是大部分英国人唯一认识的早期文献,其中不少事实皆可从这个角度审视。对人类极普遍适用的十诫,其实只是一些军事指令:一套军团命令的法规,用以保护某个约柜横越某个沙漠。无政府状态(anarchy)是邪恶的,因为危及神圣。人定下了纪念神的圣日后,才发现借此得享人间的假日。

我们若同意对一个地方或一件事物的基本热爱是富创造力能量的源

---

① "社会契约论"在政治哲学上,指被统治者与他们的统治者之间订立契约或达成协议的概念。霍布斯、洛克和卢梭的作品奠定了此说的基础,美国的《独立宣言》和法国的《人权宣言》及两国的宪法均体现了"社会契约论"的思想。

头，就可向前推进，探讨一个非常独特的事实。先要稍稍重申一点：普世的爱国精神，是唯一正确的乐观思想。至于悲观主义者，可有什么问题呢？我认为可明确地说：悲观主义者是宇宙的反爱国主义者（anti-patriot）。那反爱国主义者有什么问题呢？我认为可明确而不流于过分尖刻地说：悲观主义者是位坦率的朋友。那坦率的朋友又有什么问题呢？就此，我们触及真实生活的岩层，碰上那块不可改变的人性的礁石。

我斗胆指出，这位坦率的朋友的坏处，很简单，就是并不坦率。他其实有所隐瞒，隐瞒着他借着说不合意的事情而得到的乐趣。他暗自渴望的，不纯粹是帮助他人，而是想作出伤害。我认为这正好解释了为什么健康的公民对某类反爱国主义者感到愤怒。我（当然）不是指那种只会激怒意态激昂的股票经纪和装腔作势的女演员的反爱国主义；坦白说，那只能算作爱国主义。如果一个人说爱国主义者绝不应抨击波尔战争①，除非战事完结了，这种说法根本不配我们作出明智的回应；他像在说好儿子绝不应在崖边提出警告，除非母亲已坠下绝壁。

不过，有一种反爱国主义者确实触怒诚实的人，这种人只能用我之前提出的说法来形容：不坦率的"坦率的朋友"；他会一边说"真难过，我得说我们已经完了"，一边丝毫也不感到难过。这种人甚至称得上卖国贼，这绝不是虚夸的修辞。原因是他利用了人家给予他用作激发士气的负面知识，劝阻人加入军队的行列。在军事顾问的角色上，人家允许他抱持审慎悲观的见解，他却在征募陆军中士上显得审慎悲观。情况就像悲观主义者（即宇宙的反爱国主义者）利用生命赋予人保管生命的自由，引诱人类放弃生命的旗帜。就算他只是指出事实，我们仍需知道他的情绪、动机，这是相当重要的。如果说，托登罕②有 1200 人染上天

---

① 波尔战争（Boer War, 1899—1902），19 世纪中后期，南非发现了大量的钻石矿、金矿，大英帝国为此输入大量的采矿者，并企图扩大在南非的殖民范围，波尔人则在敌视之下对采矿事业课以重税，一连串的冲突最后终于演变成两次的波尔战争，波尔人即使有德国在背地支持，最后仍大败求和。战后整个南非落入英国手中，成了大英帝国的属地之一。

② Tottenham，伦敦北方的一个城市。

花，我们仍想知道这是出于某个伟大哲学家之口，借此咒骂上苍，还是由某个普通的牧师提出，借此提供援助。

由此可见，悲观主义者的邪恶并不在于狠批诸神和人类，而在于他不爱自己所狠批的——他没有对事物那种基本和超自然的忠诚。至于一般人所称的乐观主义者的邪恶又在哪里呢？显然，大家会认为乐观主义者为了捍卫这个世界的荣誉，不惜捍卫那站不住脚的事情。他是宇宙的极端爱国主义分子，他会说："无论对与错都是我的宇宙！"他较不倾向进行改革；较倾向坐在下议院前座，以官方答案响应一切抨击，满口保证地安抚所有人。乐观主义者不会洗刷世界，只会粉饰太平。这一切（尤其见于其中一种乐观主义者）全都指向一种有趣的心理，这种心理必须借乐观主义者的邪恶才能阐明。

即使假定对生命必须有一种基本的忠诚，我们还得弄清那究竟是一种自然还是超自然的忠诚？或者可这样问：那究竟是一种合理还是不合理的忠诚？现在，异乎寻常的是，那糟糕的乐观主义（粉饰太平、对一切只作出无力的捍卫）竟以合理的乐观主义姿态出现。理性的乐观精神会导致停滞；非理性的乐观精神才会带来改革。让我再以爱国主义为例解释。

那个最可能摧毁所爱之地的，正是带着理由去爱的人；而真正会改善所爱之地的，正是没带理由去爱的人。一个人若然爱上皮米里科某个特色（这似乎不大可能），就会发现自己捍卫的是这个特色，甚至冲着皮米里科也在所不惜。相反地，他若然单单爱皮米里科，就会任其荒芜，然后把它建造成新耶路撒冷。我不是否认改革可能是过火的行为；我只想指出神秘的爱国者才会进行改革。

在带着某个迂腐的原因而爱国的人当中，极端爱国主义者那种自我满足的情绪极其普遍。最差劲的极端爱国主义分子并不爱英国，他们只爱关于英国的理论。我们若爱作为一个帝国的英国，或会高估英国管治印度人的成就。我们若爱作为一个国家的英国，就能面对一切事件：因为就算由印度人管治我们，英国依然是一个国家。因此，只有依附于历史功过的爱国者会任其爱国主义歪曲历史。一个人如果因为本身是英国人而爱英国，就不会介意英国是如何兴起的；可是，一个人如果因为属盎格鲁—撒克逊人（Anglo-Saxon）而爱英国，就会为自己的幻想妄顾一切事实。他或会像卡莱尔①和佛理门②一样，到最后还是坚持诺曼征服（Norman Conquest）是撒克逊征服（Saxon Conquest）。到最后他可能变得完全不讲道理，因为他只守着一个道理。一个人如果因为法国富于战斗精神而爱法国，或会设法掩饰 1870 年法国军队的过失；可是，一个人如果因为法国本身而爱法国，只会力图改良 1870 年的法国军队；而这正是法国人所做的事情。法国的例子，正显示了上述矛盾巧妙的统一。法国人的爱国情怀玄奥而任意，无处能见；法国的改革活动激烈而彻底，无处可比。爱国主义愈是超乎现实，政治活动愈是注重实际。

　　谈到超自然的忠诚，女性那份奇怪而强烈的忠诚，堪称日常生活中最明显的例子。有些愚昧人率先提出，由于女人明目张胆、不顾一切地支持自己人，所以她们是盲目的，她们的一双瞳仁什么都看不见。持这种想法的人肯定一点儿也不认识女人。不管甘苦、一心捍卫其男人的女人，其实（在与男人的个人交往中）比谁都清楚他的男人借口多多、头脑愚钝。男人的朋友虽然喜欢他，却不会试图改变他；男人的太太则会努力不懈地把所爱的男人塑造成另一个人。在信条上，女人是十足的神秘主义者；在批评上，女人又极尽挑剔挖苦之能事。萨克雷③的作品充

---

① Thomas Carlyle（1795—1881），苏格兰散文家、历史学家。最知名的作品为《衣裳哲学》（*Sartor Resartus*），反映宇宙和人类历史之整体观点，他也以传记历史的方式，写下著名的《法国大革命》（*The French Revolution*），此外，他也翻译了德国作家之作品，例如歌德（Goethe）和席勒（Schiller）的著作。
② Edward Augustus Freeman（1823—1892）的《诺曼底人征服英国史》（*History of the Norman Conquest*）一书，明确地认为条顿族人的西迁和定居把整个英国变成了纯粹日耳曼国家。
③ William Makepeace Thackeray（1811—1863），英国小说家和新闻工作者。知名作品有以拿破仑时代英国为背景的小说《浮华世界》（*Vanity Fair*），以及以 18 世纪早期为背景的小说《亨利·埃斯蒙德》（*Henry Esmond*），以及此处提到的《潘登尼斯》（*Pendennis*）。

分表达了这一点。他笔下的潘登尼斯（Pendennis）的母亲，一方面把儿子当作神一般崇拜，另一方面又认定他是会出错的人。于是，她高估了儿子的价值，但低估了他的德行。献身者绝对有自由作出批评；狂热者哪怕不断提出疑问。爱不是盲目的；绝对不可能是。爱会带来束缚，束缚愈大，愈不可能盲目。

这就是我对所谓乐观主义、悲观主义和改进最起码的立场。要对宇宙采取改革行动前，必须先对宇宙作出效忠宣誓。人必须对生命感兴趣，才能对生命抱持公正无私的态度。"我儿，要将你的心归我"；①人的心必须钉牢在正确的事情上：有了固定的心，才有自由的手。就这一点，显然有人会作出以下的批评：理性的人，是以合宜的满足感及合宜的包容来接受这个好坏参半的世界。我得指出，这种看法恰恰是有缺憾的，可是，我知道这种看法充斥了我们的年代；阿诺德②以下恬静的诗句巧妙地融渗着这种看法：

> 我们活够了：——生命假如是
> 偌大成果、极小的丰足
> 纵然可忍受，仿佛很不值得
> 这浮华盛世、这出生之苦

这些诗句比叔本华的尖叫更锋利地亵渎神圣。我认为，这种感受不单充斥甚至冰封了我们的年代。面向信仰和变革巨大的目标，我们要的，不是冷漠地接受一个妥协了的世界，而是一种使我们能全心全意地憎恨和热爱世界的方式。我们不乐见欢欣与愤恨互相抵消而成

---

① 该句出自圣经《箴言》23：26。
② Matthew Arnold（1822—1888），维多利亚时代优秀的诗人及评论家。阿诺德的评论在维多利亚时代首屈一指，胜过卡莱尔等人。《诗的研究》一文强调了诗的新使命，主张"在一个信仰逐渐崩溃的时代"，用诗来代替信仰，因为只有诗能解释生活，安慰并支持人们。1857—1867年间，他担任牛津大学英诗讲座教授。

为一种乖戾的满足感；我们要的是一种强烈的欢愉，以及一种强烈的不满。我们必须同时感受到宇宙万物的一体两面：一方面是吃人妖魔的城堡，有待猛攻；另一方面是自己的小别墅，静候主人晚归。

无疑地，一个普通人确能与这个世界融洽相处，但我们要求的，不是赶上世界步伐的力量，而是足以推动世界前进的劲头。他是否厌恶这个世界，认为必须进行改革，而同时又热爱这个世界，认为改革是值得的？抬头看见世上其大无比的美善，他是否从不感到理所当然？看见世上其大无比的邪恶，他是否从不感到心灰意冷？简言之，他是否除了既悲观又乐观外，更是一个狂热的悲观主义者兼狂热的乐观主义者？他是否当得上一个为世界死去的无宗教信仰者，而又同时是一个向世界死去的基督徒？就这一点而言，我认为理性的乐观主义者只会面临失败，唯独不理性的乐观主义者才能取得成功；后者随时为世界本身的好处粉碎宇宙万物的一切。

我只是顺其自然地说这些事情，并无深思熟虑地按逻辑序列陈述：我们年代的一宗意外使这个观点更为明晰、尖锐。在易卜生①不断延伸的影子下，一个争论顺势崛起：结束自己的生命是不是一件人间美事？严肃的现代人叫我们千万不要用"可怜的家伙"来称呼向脑袋开枪自杀的人，因为他们只是不得不开枪把异常优秀的脑袋轰出来，所以是值得羡慕的。阿切尔②先生甚至提出，黄金年代将会出现一种投入小额硬币开动的自杀机器，那时候人只消一便士铜币便可结束生命。说到这点，我发觉自己极度痛恨许多自称自由、人道的人。自杀不是罪行这么简

---

① Henrik Ibsen (1828—1906)，19 世纪晚期挪威最重要的剧作家。他为欧洲戏剧舞台引入了一种新的道德分析体制，被认为是现代现实主义戏剧的创始人。易卜生用不留情的眼光来看生活的实际，提出了新的道德问题，1877—1882 年发表的四部剧作：《社会支柱》、《玩偶之家》、《群鬼》和《人民公敌》，均被冠以当代现实主义或社会问题戏剧的称号。
② William Archer (1856—1924)，苏格兰裔戏剧评论家、理论家兼翻译家，代表作有《剧作法》(Play-Making, 1912) 和剧本《绿衣女神》(The Green Goddess, 1921)，以翻译和推介易卜生戏剧而著名，与北欧各国及德语国家的戏剧界颇有渊源。

单，自杀简直是罪孽，是终极、绝对的邪恶：对存在回绝一切的参与；对生命拒绝作出效忠宣誓。杀人者若杀一个人，就是杀了一个人，自杀者除杀了自己外，还杀了所有人；对他来说，他把全世界彻底摧毁。这种行为（在象征意义上）比任何强奸或炸弹暴行都严重，因为自杀把一切建筑物都消灭了，又把所有女性都侮蔑了。盗贼会对偷来的钻石感到满意，自杀者却不然；他的罪行可正在此。即使是圣城新耶路撒冷炫目的石头，都不能贿赂引诱他。通过偷窃，盗匪对不属自己的东西致意；自杀者什么也不想偷，于是侮蔑了世上的一切。自杀者玷污了每一朵花，因为他拒绝为花儿活下去。宇宙间没有一种微小的生物不因他的死亡而受到讥笑。当一个人把自己悬挂树上，叶子会忿忿不平地掉落，鸟儿会怒气冲冲地飞走，因为受到人身攻击，受到公开的侮辱。当然，自杀背后可能有可悲的情由。强奸案何尝没有辩解？爆炸案差不多每宗都有其情由。然而，若论到概念的明晰或事物的知性意义，阿切尔的自杀机器带给我们的理性和哲学真理，怎也及不上把自杀者埋在特设的葬场并以铁桩插穿其身体的做法。把自杀者分开埋葬别具意义。自杀是与别不同的罪行——因为它甚至灭绝了其他罪行存活的空间。

　　差不多在同一时候，我读到某位自由思想家一个态度严肃但言论轻率的观点：他说自杀者和殉道者并无不同。这种毫不掩饰的谬误有助厘清问题。显然，自杀者是殉道者的反义词。殉道者太关心自身以外的事情，于是置个人生命于不顾。自杀者太不在乎自身以外的事情，于是不想多看任何事情一眼。一个渴想事情展开；另一个则渴想一切完结。换言之，殉道者（无论如何声称放弃世界或诅咒全人类）情操高尚，正因为他承认跟生命的终极联系：他把自己的心置放在身外的事情；他死了好叫有些东西得以存活。自杀者情操低劣，因为他没有那种跟存在的联系：他纯粹是个破坏者；在精神层面，他歼灭了整个宇宙。这时候，我想起铁桩和自杀者的葬场，以及一件古怪的事实：基督教反对自杀的立场严苛得简直不可思议。这是因为基督教对殉道者表示狂热的鼓励。在历史上，基督教对殉道精神和苦行主义的鼓吹，被指控为已到达令人沮丧、悲观弥漫的地步。这指控并非完全没有道理。早期的基督徒殉道者谈到死亡时，是带着一种骇人的快乐。他们亵渎了身体美好的任务：他们远远嗅着坟墓的气味，有如嗅着野地的花儿。对许多人来说，这一切都散发着悲观的诗意。尽管如此，自杀者葬场的铁桩正显示基督教对悲观主义者的看法。在令人费解之谜长长的列车中，这是基督教加入讨论的第一卡，我将会把当中奇特之处清晰地表达出来，因为这是所有基督教观念的基本特点。现在就从基督教对殉道者和自杀者的态度说起。就这一点，基督教的态度跟现代伦理常所确认的看法并不一致。这不是程度的问题。这不是一条总要在某处画下的线：线的范围内是兴高采烈的自刎者，而刚刚在线外的则是忧伤绝望的自刎者。显然，基督教并不纯粹认为自杀是殉道者走得太远的行为。基督教是强烈地赞同一种而反对另一种行为：两件看似极度相似的事情其实处于天堂与地狱的两个极端。一类人丢弃自己的生命；他们太善良了，其干枯的骨头能治愈瘟疫肆虐的城市。另一类人也丢弃自己的生命；他们太不济了，其骨头只会污染自己的同胞。我不是说采取强烈的态度是正确的；问题是为什么如斯强烈？

说到这里，我首次发现自己流浪的足迹竟印在别人走出来的道路上。基督教同样认为殉道和自杀是相反的两回事：基督教的理由是否跟我的一样？基督教是否和我见解相同，但不曾（亦不能）把那份忠于所爱、再进行毁灭性改革的需要表达出来？然后，我想起基督教其实面对着把忠诚和改革结合起来的指控，而我正疯狂地试着结合两者。无独有偶，基督教亦被指控为对宇宙过于乐观，而又对这个世界过于悲观。这离奇的巧合把我吓呆了。

现代的论争兴起一个近乎低能的习惯，就是说某某信条只能在一个年代持守，不能在另一个年代持守。有人指出，有种教条在12世纪才可信，在20世纪则不可信。要是这样，你大可说某种哲学只能在周一相信,不能在周二相信。你大可指出一种宇宙观在三点半适用,在四点半则不适用。一个人之所以能够相信,是取决于他的哲学,而不是取决于时钟的摆动或世纪的更迭。姑且勿论在哪个年代,一个人如果相信自然定律是不能改变的,就不能相信神迹。姑且勿论在哪个年代,一个人如果相信定律背后是有意志的,就能相信神迹。

为了方便讨论,就以关注一宗行奇术治疗(thaumaturgic healing)①的个案为例,一个12世纪的唯物论者不可能较一个20世纪的唯物论者更相信其疗法奏效。不过,一个20世纪的基督教科学派信徒(Christian Scientist)②却能像12世纪的基督徒一样相信确有其事。关键只在于人对事物抱持的理论。因此,面对历史上提供的答案,问题不在于答案是否在我们的时代提出,而在于提出的答案是否能解答我们的问题。我愈是想到基督教在何时又如何走进世界,愈是感觉到基督教其实是为解答这条问题而来的。

对基督教的恭维最站不住脚的,通常是那些容纳不同意见、不拘泥于宗教教条及形式的基督徒。他们仿佛在说,基督教出现之前,世上从没有虔敬或怜悯之事:好一个任何中世纪的人都会急于纠正的论点!他们声称,基督教最显赫的成就是率先传扬简朴、克己、内省、诚实。假如我指出基督教最显赫的成就是传扬基督教,他们或会认为我思想狭隘(姑且勿论狭隘指的是什么)。基督教奇特之处就是它很奇特,而简朴、真诚是全人类不容置疑的理念,一点也不奇特。基督教提出的,是一个费解之谜的答案,而不是经过详谈后得出的最后一个不陈自明之理。

前阵子,我才在一份富于清教徒色彩的一流周报中看见这个意见:

---

① "Thaumaturgic"一词指拥有一种创造奇事神迹的力量。——译注
② 基督教科学派(Christian Scientist),由艾迪夫人(Mary Baker Eddy,1821—1910)于1879年创立,此教派的追随者深信疾病可以透过信仰、祈祷,领悟上帝、基督与人之间的关系而被治愈。基督教科学派的教义曾引起一阵骚动,特别是透过19世纪起盛行的科学角度来看(即此"科学"完全称不上科学)。

基督教若卸除教条的盔甲（像在说人若拆掉身上的骨头），剩下的只是贵格会①的"灵光"（Inner Light）②。现在，如果我说基督教来到世上特别是为了摧毁有关灵光的教义，不免显得夸张。但这种说法与事实相距不远。最后一批斯多葛派学者③，尤以马可·奥勒留④为例，信奉的正是灵光之说。他们的尊严、他们的疲乏、他们给别人外在关怀的忧闷感、他们给自己内在关怀的不可救药感，统统都是拜灵光所赐；没有那份阴沉的精神启示，上述种种就不会存在。

有一点值得注意，奥勒留犹如一些好内省的道德家，常常坚持把一些小事情完成或搁置；这是由于他恨得不够或爱得不够，以致未能作出道德的革命。他很早起床，正如我们自己那些过着简朴生活的贵族很早起床一样；因为这种利他主义远较停止圆形露天竞技场的游戏、或给英国人归还国土容易。奥勒留是那种最叫人难以忍受的人。他是一个无私的利己主义者。无私的利己主义者就是骄傲而又不拿热情作借口的人。在各种可理解的启迪形式中，这些人所称的灵光就是最差劲的一种。在各种糟糕的宗教中，最糟糕的正是以内在的神为崇拜对象的一种。只要你认识任何人，就会认识那是如何运作的；只要你认识高级思想中心（Higher Thought Centre）的任何人，就会认识那确实是怎样运作的。说琼斯应当崇拜他内在的神，最终就是指琼斯应当崇拜琼斯。那倒不如让琼斯崇拜太阳或月亮吧，崇拜什么也好，就是不要崇拜灵光；让琼斯崇拜在街上碰到的猫咪或鳄鱼吧，崇拜什么也好，就是不要崇拜内在的

---

① 贵格会（Quaker）是基督教新教的一个派别。该派成立于17世纪的英国，创始人为乔治·福克斯（George Fox，1624—1691），因表达"听到上帝的话而发抖"而得名"贵格"（Quaker），中文意译为"震颤者"。该派反对任何形式的战争和暴力，主张任何人之间要像兄弟一样，主张和平主义和宗教自由。
② 神给个别的人一种主观而直接的启示，这种启示具有信仰的权威。——译注
③ 斯多葛学派（Stoics），古希腊罗马时期兴盛起来的一派哲学思想。主张通过理性，以形成知识、真理的标准，学习透过自我制约，避免理智的判断受到感情方面的影响，以建立崇高的价值观。
④ Marcus Aurelius（121—180），罗马皇帝、思想家。其关于斯多葛哲学的著作《沉思录》阐述了个人的宗教观及道德价值。

神。基督教最初来到世界就是要强烈地断言，人不仅要往内反省，而且要往外观看，以惊讶和热炽的心仰望一位神圣的朋友和一个神圣的首领。做基督徒唯一的乐趣，就是不用独自留下来与灵光在一起，而是能确认有外在的光；外在的光晴朗如太阳、澄澈如月亮、威武如旗帜飞扬的军队。

话说回来，琼斯不崇拜太阳和月亮未尝不是好事，因为他若真的崇拜日月，就会有模仿日月的倾向。比方说，由于太阳把昆虫活活烧死，他以为自己也可以把昆虫活活烧死。由于太阳使人中暑，他以为自己也可以使邻居患上麻疹。由于月亮据说曾逼使人发疯，他以为自己也可以逼使太太发疯。

这种纯外在的乐观主义丑恶的一面，亦见于古时的世界。当斯多葛派唯心主义（Stoic idealism）渐渐呈露悲观主义的问题，差不多在同一时候，古代人那种古老的自然崇拜（nature worship）亦渐渐显露乐观主义极其严重的问题。当社会仍然年轻，自然崇拜尚算合乎自然。换句话说，泛神论①是没有问题的，只要停留在崇拜潘神（Pan）的阶段。可是不需多久，经验和罪性就会发现大自然的另一面；而人身羊足的潘神不久就会露出原形，这绝不是轻率之言。不晓得什么缘故，自然宗教（Nature Religion）常常流于不自然，这正是反对自然宗教最大的原因。一个人早上爱上大自然的纯洁和亲切；日暮时分，他若仍爱大自然的话，爱上的竟是其黑暗和残酷。旭日初升，他像斯多葛派的智者一样于清水中洗涤尘垢；夜幕低垂，他却像背教者朱利安②一样沐浴于热烫的公牛血中。仅仅追求健康往往导致不健康。大自然的事物一定不能变成顺从的直接对象；面对大自然，我们应抱着享受而不是崇拜的态度。星星

---

① 泛神论（Pantheism），是一种将自然界与神等同起来，以强调自然界的至高无上的哲学观点。认为神就存在于自然界一切事物之中，并没有另外的超自然的主宰或精神力量。
② Julian the Apostate（331—363），背道者；君士坦丁大帝之侄。在历史上，他以未至而立之年登上帝位，在基督教和多神教之间的残酷斗争中，与基督教作战，大兴土木建异邦庙宇，并将君士坦丁大帝所给教会的特权都取消，在位仅两年。

和高山不应过分认真对待，不然，我们就会重蹈无宗教信仰者自然崇拜的覆辙。由于地球是良善的，我们于是模仿天地间一切的不仁。由于性是正常的，我们于是全都为性发狂。纯乐观主义其实已发展到不正常的地步，面临恰当不过的终止。认为一切都是美好的理论，沦为一切不良事物无节制行为的挡箭牌。

在另一端，我们唯心的悲观主义者以昔日斯多葛派残余分子为代表者。奥勒留和他的朋友确实放弃了宇宙有神的观念，只追求内在的神。他们对大自然的美德不抱希望，更不相信社会有任何美德存在。他们对外在世界的关心，不足以叫他们进行破坏或改革。他们对城市的爱，不足以叫他们放火烧城。因此，古时社会面对跟我们一样令人沮丧的困境。真正享受世界的人忙于把它打碎，道德高尚的人又对这些人关心不足，没有击倒他们。在这种（跟我们一样的）困境下，基督教突然踏进来，提供一个独一无二的答案，而世界最终接受了这个答案。这是当年的答案，也是今日的答案。

这个答案有如刀剑一刀砍下；一切两断，绝无情感的牵绊。简要地说，神和宇宙分开了。现在有些基督徒想从基督教挪走神的超越性和独特性，殊不知这正是任何人想做基督徒唯一的原因。基督教给不快乐的悲观主义者及更不快乐的乐观主义者的答案，尽在这点。由于这里只针对他们特殊的问题，我只扼要地提出一个伟大的、形而上学的建议。一切对事物的创造或维持原则的描述必须是隐喻式的，因为这些描述必须以文字表达出来。因此，泛神论者谈到在万事万物中的神，不得不把神说成在一个盒子中似的。因此，一如其名称所涵盖的意义，进化论者提出把事情如地毯般铺展的想法。所有宗教和非宗教的术语都不免背负这个任务。首要的问题是这一切术语是否全都没用，又或人能否借这些用语清楚掌握万物的源头。我认为是能够的，进化论者显然深有同感，不然不会谈论进化的问题。

基督教一神论的核心词句是：神是创造者，正如艺术家是创造者一样。诗人跟自己的作品是分离的；诗人谈自己诗作的语调像在说一些扔下的小东西似的。著作就在发表的一刻给丢下。一切创造和生育都是割断的行为，这条原则在宇宙中是一致的，一致的程度至少不亚于一切成长都是开枝散叶的进化原则。女人就是在生孩子时失去孩子。一切创造都带来分离。出生犹如死亡一样，是一种庄严的离别。

这种在神圣的创造中的分离（有如诗人跟诗作割离、母亲跟新生孩子分开），是那绝对的能量创造世界的真实描述。这也就是基督教首要的哲学原则。大部分的哲学家认为，神创造世界时把世界制伏。而根据基督教的说法，神创造世界时把世界释放。神写下的，不太像一首诗，较像一个剧本；一个设计完美的剧本，但必须留给演员和舞台经理负责上演，而人类这个班底把好好的一台戏搞得一塌糊涂。个中原理，后文再加讨论。在这里，我只想指出基督教如何轻而易举地从本章所说的困境中走出来。人毋须自贬为悲观主义者或乐观主义者，都能既快乐又愤慨。在基督教的系统里，人可与存在的一切势力搏斗，而不用放弃生存的旗帜。人既可跟宇宙和平共处，又可与世界作战到底。无论蛟龙在宇宙中变成何等的庞然巨物，比强大城市或绵亘山脉伟大的圣乔治①仍然能与巨龙作战。就算他与世界同样伟大，也会因为世界的缘故而被杀死。圣乔治衡量的，不是这件事情上明显的优势或大小的比例，而是万物原本设计的奥秘。他能够抖动剑尖指着巨龙——即使剑就是一切；即使他头顶上空洞的苍穹其实是巨龙张开的齿弓。

接下来的经验真是非笔墨所能形容。自出娘胎以来，我仿佛给两部庞大而难以操纵的机器——世界与基督教的传统——搞得一团糟。两部机器形状不同，没有表面的联系。世界的机器有个洞：人总得找出一种爱世界但又不信赖它的方式；总得爱世界而没有变得像世界一样。我发

---

① St. George，活动时期约在公元 3 世纪，早期基督教殉教者和英格兰的主保圣人。传说他曾从恶龙爪下拯救利比亚国王的女儿，之后全国便受洗信教。在艺术作品中，常以身着饰有红白十字形的骑士盔甲，或骑马举剑制伏恶龙为象征。

现基督教的教条强调神是具有位格的,并创造了一个与它自己分离的世界。基督教神学这个突出的特征,好像一口教条大钉,刚好嵌进世界的洞孔中;大钉显然是为洞孔而设;然后,奇怪的事情陆续发生。当两部机器这两部分接连起来,其他部分竟然逐一接合,其精准及配合程度,使人大惑不解。我仿佛听到螺栓一孔接一孔地嵌进恰当的位置,然后,使人宽慰的咔哒声此起彼落。只消一部分发出正确声响,其他各部分亦不遑多让,宛如维修好的时钟精准地一下接一下地敲着中午的响声。一个接一个的教义,给予直觉一个接一个的答案。又或者,让我换个比喻,我就像闯进了敌方的国土,攻陷了一座巍峨的堡垒。堡垒一塌下,举国投降,在我身后的一切忽而变得实实在在。

霎时间,整片土地灯火通明,重回童年时最初出现的原野。霎时间,第四章提到那些在少年时期盲目的幻想,那些在黑暗中怎么也追踪不到的幻想,赫然竟变得透亮而正常。我曾以为玫瑰的红色是某种选择的结果——我的想法是正确的:这是神圣的选择。我曾以为与其说草必须披上那种颜色,倒不如说草的颜色不对劲——我的想法是正确的:草的颜色可能真的不是这样。我曾感到幸福必须牵系于一个离奇古怪的条件,我的感应的确有特别意义,当一切说个明白的时候:这涉及整个人类堕落的教义。就算是那些黯淡、无形状的奇怪观念(我没有作出描述,更没有加以捍卫),也悄悄地走到它们的地方,巍然矗立如信条的女柱像。我曾幻想宇宙不是广大而空洞,而是微小而温馨的。这个想象现在有一个实践上的重要性,因为任何艺术的作品在艺术家眼中一定是微小的;对神来说,星星只能有如钻石般微小而珍贵。我曾有一个萦回心间的直觉,认为世间的美善不仅是拿来用的工具,而且是要看守的遗物,就像鲁宾逊从破船捡回的物品,尽管那是原本有智慧的东西残余的点滴,因为按照基督教的说法,我们其实是一场海难的生还者,是那艘在世界还未开始时业已沉没的黄金船只上的全体船员。

重要的一点是,这完全倒转了乐观主义者提出的理由。颠倒的一刻，感觉就像把脱臼的骨头放回臼位中一样豁然舒畅。以前，我常自称乐观主义者，以避开明显亵渎神明的悲观主义。然而，这个年代的乐观主义统统都是虚假的，只会令人丧失信心。这是由于乐观主义一直想证明我们与世界是一致的，彼此能融洽相处。基督教的乐观主义却基于另一个事实：我们与世界并不一致，彼此不能融洽相处。为了使自己快乐，我曾经告诉自己，人类是动物的一种，无异于其他向神寻求食物的动物。如今，我真的感到高兴，因我晓得人类原来是一头怪物。原来，我感到万物尽都怪异绝对不足为奇，因为较之于万物，我自己既较其糟糕，又较其优胜。由于乐观主义者强调万物自然的一面，他们的喜乐就像散文般乏味；基督徒的喜乐却如诗般富于想象力，因为在超自然力量的光照下，他们强调万物不自然的一面。现代的哲学家不断告诉我：我正处于正确的位置；我虽然默默同意，却依然意志消沉。相反地，当我听到我原来处于错误的位置，我的灵魂仿如春天的小鸟唧吱地歌唱。这份认知把我带到婴儿期幽暗住处被遗忘的房间，并照亮了房间里的一切。我现在知道为什么青草对我来说有如巨人的绿胡子般古怪，也明白了为什么人在家中仍有思乡之苦。

第六章　基督教的吊诡

我们这个世界真正的问题不是世界并不合理，又或世界完全合理；我们最普遍遇到的问题是世界几乎完全合理，但又不是完全合理。人生并非不符合逻辑的，但却是逻辑学家的陷阱。人生看似比自身精确和符合规则；其严谨的一面显而易见，其不精密的一面却深藏不露；其疯狂荒诞正埋伏以待。让我举一个粗糙的例子来说明这点吧！假设月球上某数学家想计算人体的结构，他很快就发现最基本的原理是人的身体是对称的。一个人其实是两个人，右边的他跟左边的他一模一样。有右臂就有左臂，有右腿就有左腿；沿此原则，他进一步发现人两边的手指数目是相同的，脚趾亦然；此外，人还有一双瞳仁、一对耳朵、两个鼻孔，甚至两片脑叶。最后，他会以此为定律；然后，他从一边的心脏推断另一边也有同一个心。就在他满以为自己判断正确的时候，他就可能出错了。

世上万物最诡秘莫测的，莫过于这种不动声色、差之毫厘的谬误；仿佛宇宙有些东西暗地造反。球状的苹果或柑橘或可称为圆球物体，但毕竟不是一个圆球。地球本身状似柑橘，就是为了引诱头脑简单的天文学家称它为地球。叶"片"（a blade of grass）的叫法从剑"片"（the blade of a sword）而来，因为叶端变尖成为一点；但事实并不尽然。万物总有一些不显眼而不可估量的地方，逃出理性主义者的掌握；若不是到了最后的一刻，理性主义者还不警觉事物难以掌握。从地球壮丽的弧线，可简单地推断地球每一寸都呈弧形。然而，有些科学家仍在组织探险队远征北极，因为太执迷于地是平的。既然左右两边各有脑袋，推定人有两个心脏看似符合理性。于是，有些科学家仍在探索人类心脏的位置，努力作出往往不得要领的尝试。

测试真正的洞见或灵感，最有效的方法是找出人能否猜中那些潜伏的变异或惊喜。来自月球那个数学家看见人有双臂双耳，或能推断出人有两片肩胛骨及两边脑袋。但如果他能猜中人心的正确位置，我就得称呼他为"超数学家"了。以下正是我后来对基督教所宣下的确切的断言：基督教不但能推断符合逻辑的真理，而且对于赫然变得不合逻辑的事物，仍能（可以说）道出个中的真理。基督教不但走对了路，而且在该错的地方（你或可这样说）走错了路。基督教的计划不但符合那些潜隐的、不合规则的事，而且能期待那不能期待的。基督教不但在简单的真理上简单，而且在潜藏的真理上坚定不移。基督教承认人有一双手，但却不承认人有两个心的明显推论，纵然所有现代主义者（Modernists）①都为此悲叹。本章的目的就是要指出这点，要显示当我们认为基督教神学有点奇特时，将会发现真理一般来说是有点奇特的。

前文我曾间接提及一句没意义的话，那句话大意是说，在我们的年代如此这般的信条不能相信。当然，任何年代任何事情都可以被相信。不过，说也奇怪，有一种对比的确别具意义：与简单的社会相比，一个复杂的社会较能坚定不移地相信一个信条。一个人若在伯明翰②认为基督教是真确的，他必然比在麦西亚③找到更明晰的理由，因为复杂的事情愈是看似巧合，愈不可能是巧合。假如飘到地上的雪片状似中洛锡安郡④的心，那或许是一宗意外。假如飘到地上的雪片状似汉普顿宫⑤中的迷宫，我认为这堪称神迹。我后来对基督教哲学正抱有这种神迹似的感

---

① 罗马天主教会于1900年左右发起的运动，主张教会应该顺应现代人的思想。——译注
② Birmingham，英格兰中部的城市，位于伦敦的西北方。
③ Mercia，在英国史上为中世纪早期七国时代的七国之一，位于今英格兰中部。
④ Midlothian，位于苏格兰东南方，爱丁堡即位于此郡。
⑤ Hampton Court，有"英国的凡尔赛宫"之称，位于伦敦市郊外。1514年由渥西主教（Cardinal Thomas Wolsey）购得此区加以建筑，直至国王亨利八世收归作为王宫之用，并大兴土木加以扩建，王宫完全依照都铎式风格兴建，有1280间房间，花园占地近三百英亩，是当时全国最华丽的建筑。

觉。与问题相对简单的信仰世纪（ages of faith）相比，现代如斯复杂的社会能较分毫不差地证明各种信条的真确性。我就是在诺丁山①和巴特西②发现基督教是真确的。这解释了为什么信仰有这么详尽的教义和细节；如斯精细的信仰使仰慕而不相信基督教的人深感苦恼。人一旦相信某个信条，就会以其复杂性为荣，有如科学家以科学的复杂性为荣一样。复杂的东西一经发掘更显丰富。一个正确的信条若被指为正确但异常复杂，这其实是一种赞美。基于意外，一条树枝或会刚好插进裂口，一块石头或会刚好填平一个洞穴。但匙和锁都是复杂的东西，要是钥匙刚好插入锁孔，你就晓得那支钥匙就是正确的那支了。

事物错综复杂的准确性，使我极难描述积累的真理，而我现在正要作出这个尝试。要捍卫自己完全相信的事物是非常困难的。捍卫半信半疑的事物反倒较为容易。之所以半信半疑，是因为发现这个或那个证据，然后加以说明。不过，人不会因为一些证据就相信一套哲学理论；人只会因为一切证据都准确无误，才会真正地建立信念。你若突然要求一个人总结相信的理由，那么，理由愈错综微妙，他就愈不知所措。因此，如果你当场问一个普通的聪明人："为什么你宁取文明，不要野蛮？"他或会发疯似的望着一件又一件的物体，然后只能提出一个模糊的答案："呀，原因嘛，看这个书架……还有煤桶中的煤块……钢琴……警察。"支持文明的主要理由，正在于支持文明的理由相当复杂。文明带来的事物可多着呢！本来，多种多样的证据必然叫答案压倒一切；但正由于证据如此多种多样，反倒叫人难于陈明。

因此，一切完整的信仰总带有一种庞大的无助感。信念太巨大了，人要花颇长的一段时间才能付诸行动。说也奇怪，这种犹豫不决的感觉主要由于人满不在乎从哪里说起。条条大路通罗马，这正是这么多人去

---

① Notting Hill，位于伦敦近郊。
② Battersea，位于伦敦市区。

不到罗马的一个原因。谈到为基督教信仰辩护，坦白说，我是可以随意拿一样东西作为讨论的切入点；我可以从挂表又或装有自动计费器的出租汽车说起。不过，如果我锐意要把意思说个明白，较明智的做法是接续上一章的讨论，继续强调那些神秘的巧合，或更恰当地说，神秘的印证。一切我迄今听到的基督教神学思想都使我避之则吉。12岁时，我并无宗教信仰。到了16岁，我完全是一个不可知论者。我很难想象有人到了17岁还未曾问过一个这么简单的问题。那时候，我确实对宇宙的神明抱有一种模糊的崇敬，并对基督教的缔造者产生一种历史上的兴趣。当然，我只把他视作人，纵然我认为即使就这点而言，他较一些批评他的现代人优胜。我饱读这个时代的科学及怀疑宗教或其教义的文献；无一遗漏，至少凡以英语写成、散落各处的文献，我都不会放过，而我没有读别的作品；我的意思是我并没有涉猎其他哲学基调。我也有读一些廉价惊险小说，这些小说其实秉承着基督教健康而英勇的传统精神；那时候我还不晓得呢！我从未读过基督教护教学的一行半句；现在我也极少接触相关作品。是赫胥黎、斯宾塞和查理·布莱德洛①把我带回正统神学跟前，是他们最先在我的脑袋里散播那些最初出现乱纷纷的疑团。我们祖母辈的人说得不错，潘恩②和那些自由思想家使人心绪不宁。的确如此。他们使我极度不安。理性主义者使我质疑理性究竟有何用途；而当我读完斯宾塞的作品，我甚至（初次）怀疑进化究竟有没有真正发生。当我把英格索尔上校③最后的无神论讲章放下，一个可怕的念头进

---

① Charles B. Bradlaugh，创办期刊《国家改革家》（*National Reformer*），鼓吹社会改革，包括借生育管制来控制人口。参见本章95页注释2。——译注
② Thomas Paine（1737—1809），18世纪美国革命期间的革命思想家，1775年写的《常识》（*Common Sense*）一书，把殖民者英国的君主制度和政策批评得体无完肤，强调美洲的独立自主性，并宣传人类的权利与平等。另著有《人类的权利》（*The Rights of Man*）及《理性的时代》（*The Age of Reason*）。
③ Robert Green Ingersoll（1833—1899），19世纪美国著名的政治演说家、不可知论者、律师。他主张"不可知论"和"思想自由"。他的演讲在弥漫自由思想的黄金年代受到极大的欢迎。

占我心:"你这样劝我,几乎叫我做基督徒了!"①我正陷入绝望之中。

那些伟大的不可知论者在别人心中引起的疑惑,比他们自己抱有的还要厉害,这种怪异的效应可用许多方式来说明。我只举其一。当我阅读和重读从赫胥黎到布莱德洛一切非基督教或反基督教信仰的论述,一种迟缓而骇人的印象在我的心头渐渐变得轮廓分明:基督教一定是非比寻常的。这是因为(据我了解)基督教不独拥有最火焰似的邪恶,而且显然还有一种神秘的力量,把看似不能兼容的邪恶结合起来。攻击基督教的声音来自四方八面,持有各式各样自相矛盾的理由。一个理性主义者刚指出基督教走得太东了,另一个理性主义者随即以同样清晰的说法指出基督教走得太西了。方才我不再恼怒于基督教生硬而带挑衅性的古板,迅即有人叫我注意并谴责基督教使人萎靡不振、耽于感官刺激的圆通。有些读者也许未碰过这种事情,下文我会随意举出一些怀疑论者攻击基督教自相矛盾的例子。我约略提出其中的四五个;例子起码有五十个以上呢!

例如,有人雄辩滔滔地抨击基督教是阴暗而不近人情的信仰,我曾深受打动;因为我认为(现在仍认为)由衷的悲观主义是不可饶恕的罪。不由衷的悲观主义是一种社交的成就,一种讨人欢喜的矫饰;可幸的是,几乎一切悲观主义都是不由衷的。但假如基督教像这些人所说是一种反抗生命、纯粹悲观的信仰,我就会做好准备随时把圣保罗大教堂(St. Paul's Cathedral)炸掉。然而,非比寻常的正是这点。他们努力在第一章给我证明基督教是太过悲观(叫我拍案叫绝),然后在第二章试图向我证明基督教极其过分乐观。一方面,基督教被指控阻止人借忧郁的眼泪和惊恐,从大自然的怀抱中寻找快乐和自由。另一方面,基督教又被指控以虚假的天意予人慰藉,把人置放在粉白色的托儿所中。一个不可知论大师质问为什么大自然不够美丽,为什么取得自由是如此困难

---

① 参见圣经《使徒行传》26:28。

之事；另一个不可知论大师提出相反的观点，认为基督教的乐观精神正是"由一双虔诚的手为伪装者编织的饰衣"，①隐藏着大自然是丑恶、人是不能自由的事实。一个理性主义者尚未完全论证基督教是人间的梦魇；另一个理性主义者已开始称其为愚人的乐园。这一切都使我迷惘；指控看似并不连贯。基督教不可能既是白色世界的黑面罩，又是黑色世界的白面罩。基督徒的光景不可能一方面是舒适的：基督徒有如懦夫般依附着基督教；另一方面又是不舒适的：基督徒有如傻子般默默忍受着。基督教如果真的歪曲人类的视线，应该不是以这种方式就是以那种方式；不可能同时戴上又是绿色、又是玫瑰红色的眼镜。当斯温伯恩②嘲笑令人生厌的信条，我就像那个时代的每个年轻人一样，以一份骇人的喜乐卷起舌头叹道：

> 你已征服了！噢，苍白的加利利人呀，
> 世界随你的呼吸变灰！

可是，当我读到同一诗人有关无宗教信仰的文字，例如在《阿兰特在卡利敦》(*Atalanta in Calydon*) 中的撰述，我推测加利利人耶稣未来到世界呼出灰气前，世界可能更是一片灰蒙。在理论上，诗人其实主张人生本身是漆黑的，而基督教则以某种方式使人生更加阴郁。可是，这个谴责基督教太过悲观的人，本身正是一个悲观主义者。

我发觉有些事情不对劲。狂野的瞬间，一个念头在脑子里闪过：那些根据其自己所说既无宗教又无幸福的人，应该不是判断宗教和快乐两者关系最佳的评审。我得说明，我并不因此匆匆妄下结论，认为那些指控是虚假的，又或提出指控者是傻子。那时候，我只简单地推断基督教

---

① 赫胥黎之语，引自《自传》(*Autobiography*, 1890)。
② Algernon Charles Swinburne (1837—1909)，英国诗人、剧作家和评论家，其诗以音乐性见长。本句引自 *Hymn to Proserpine* (1866)。

必定较他们所断定的更怪诞、更邪恶。一样事物或会有两种截然相反的缺点；不过，这种事物必然是异常古怪的。一个人或会在某一处过胖而在另一处过瘦；不过，他的外形必然相当奇特。就这一点，我只想到基督教这门宗教奇形怪状，并没有猜想理性主义者的脑袋有何异样。

以下是另一个同类型的例子。我认为它不失为一个反对基督教强而有力的理由：一切称为"属于基督教"的东西总带点胆怯，就像苦行僧似的，看起来毫无男子气概，其反抗和战斗的姿态尤其如此。19世纪怀疑论大师大部分是雄赳赳的。豪迈的布莱德洛和含蓄的赫胥黎无疑就是不折不扣的男人。相比之下，认为基督教的忠告流于软弱或过分忍让的说法似乎合理。福音书里有关另一边面颊似是而非的真理、教士永不打斗的事实，以及数以百计其他事情都在使人相信：基督教务要使人如绵羊般单纯。

我读过并相信有关说法；若我没有看过其他论述，我应该会一直相信这种观点。可是，我看到截然相反的东西。当我翻开我那本不可知论者手册的另一页，霎时间，整个脑袋颠倒过来。此刻，我发现我应该憎恨基督教的，不是作战太少，而是作战太多。基督教看似战争之母，用鲜血把世界淹没。从前，我对基督徒充满愤怒，因为他们永不发怒；如今，有人告诉我要因他们生气，因为他们的愤怒是人类历史上最巨大和骇人的东西，因为他们的愤怒使大地湿透，把太阳熏黑。那些因为修道院逆来顺受和不作抵抗的作风而指摘基督教的人，恰恰是那些因为十字军锐意进攻、使用暴力而指摘基督教的一群。古旧的基督教最倒霉的，就是既有不打仗的忏悔者爱德华①，又有爱打仗的狮心王查理②。贵格会

---

① St. Edward the Confessor（1003—1066），是唯一一位被罗马天主教于1161年追封圣人的英格兰国王，威斯敏斯特教堂即为其重建之修院。

② Richard Coeur de Leon（1157—1199），担任英王十年，长期在外征战，在国内共只有五个月，因他征战沙场总是一马当先，如狮子般勇猛顽强，所以绰号"狮心王查理"。他因四处征战和遭俘造成人民财政负担沉重，然而，因其充满传奇的一生及充满中世纪骑士风范的作为，成为人民歌颂的千古英雄。

教徒（有人说）是最典型的基督徒；但克伦威尔①和阿尔瓦②造成的屠杀正是基督教典型的罪行。这一切意味着什么呢？常常禁止战争又常常制造战争的基督教，究竟是怎样一回事？这个人家首先因为其不战然后又因其好战而加以辱骂的宗教，其本质究竟是什么？呈现在这个宗教中的这种骇人的杀戮与温顺，究竟源自哪个费解的世界？每一刻，基督教的状况都在变化，而且变得愈来愈古怪。

第三个例子是最奇怪的一个，因为牵涉反对基督教信仰一个真正的理由。这个真正的理由就是基督教只是宗教的一种。世界幅员广阔，充满各式各样的民族，而基督教只是一个局限于一种民族的信仰（这个说法不无道理）；它先由巴勒斯坦出发，实际上在欧洲停歇下来。这种说法深深地打动了青少年时期的我，我亦非常欣赏常常在不同伦理团体宣讲的教义：全人类有一个伟大而不自觉的教会，以人类无处不在的良心为轴心。这种学说指出宗教的信条分化了人类；但至少道德使人成为一体。灵魂就算走到最陌生或最遥远的土地或年代，仍可找到人类基本而普遍的道德心：或在东方世界的大树下遇到孔子，他正在写着"不可偷盗"；或在远古最原始的沙漠解读着最难懂的象形文字，破解出来的意思是"小男孩要说真话"。

我相信凡人皆有道德心、四海之内皆兄弟的义理；现在我仍相信，不过连带其他东西一起相信。当基督教提出（正如我所认为），人类每个年代及王朝都完全偏离了这种公义与理性之光，我感到极其烦恼。

然后，我发现一样使人惊讶的事情。我发现那些提出人类从柏

---

① Oliver Cromwell（1599—1658），率领议会军与保皇党发生内战，处死国王查理一世。1649 年，英国成为共和国，他实际上掌握大权，派军队多次残酷镇压苏格兰人和爱尔兰人，将整个英国置于军事管制下。1653 年，克伦威尔就任护国公，实行独裁统治。
② Ferdinand Alvarez de Toledo Alva（1507—1582），西班牙腓力二世麾下的将军与谋士，在镇压荷兰的叛乱（1567—1568）时，驱逐了胡格诺教徒（Huguenots）。

拉图①到爱默生②都属一个教会的人,同时提出人类的道德已全然改变,而一个年代视为对的事情在另一年代却视为错误的。假如我要求一座圣坛,有人会对我说,你不需要这样的东西,因为我们的人类同胞已在世界共通的习俗和典范中,给予我们清晰的启示,以及一道信条。假如稍微指出,世界其中一个共通的习俗就是有一座圣坛,我的不可知论老师就会干净利落地告诉我,人类时常处于黑暗和野蛮人的迷信习俗当中。我发现他们总爱嘲笑基督教是一个民族的亮光,任由其他人死于黑暗中。不过,我同时发现他们尤其爱自夸科学和进步是一个民族的发现,而其他的民族已死于黑暗中。他们对基督教最大的辱骂其实正是他们对自己最大的称许;这种对两者不同的坚持似乎异常地不公允。当谈及某无宗教信仰者或不可知论者时,我们要记住全人类有一个宗教;而当谈及某神秘主义者或唯灵论者时,我们却只须注意有些人的宗教是极其荒谬的。我们可以相信爱比克泰德③提出的伦理,因为其伦理从不变更;我们不能相信波舒哀④的伦理,因为其伦理变更了;虽则是在两百年内而不是在两千年内变更了。

这不免使人抱有警戒心。情况看来不像是基督教太糟糕,藏污纳垢,而是好像用任何棍棒去打击基督教都是好事。有些人急欲反驳基督教的观点,甚至不介意因此而变得自相矛盾,这岂不叫人惊讶万分吗?我从不同角度看到同样的事情。我不拟多花篇幅详加讨论,但唯恐有人

---

① Plato(约公元前428—前347),是著名的古希腊哲学家,他写下了许多哲学的对话录,并且在雅典创办了知名的学院。柏拉图是苏格拉底的学生,也是亚里士多德的老师,他们三人被广泛认为是西方哲学的奠基者。
② Ralph Waldo Emerson(1803—1882),美国19世纪杰出的思想家、散文家、诗人,以及超验主义文学运动的领袖。爱默生钟爱自然,崇尚自我与个人的精神价值,让美国在独立战争之后,发展出具有特色的美国文学。著有《论自然》(*Nature*, 1837)等。
③ Epictetus(约50—约130),出身是奴隶,经常挨饿、遭受虐待,少年跛足,生活痛苦,因而悟出一套人生要追求快乐、道德和平静的哲学,成为斯多葛派哲学院的老师。他的教导经学生集结成《谈话录》(*Discourses*)和《手册》(*Manual*)两本书。
④ Jacques Bossuet(1627—1704),17世纪法国天主教教士、演说家,支持法王路易十四,鼓吹绝对君权论。他是严格的天主教正统派,坚决反对新教。

认为我不公正地选取了三个偶发的例子，我将再扼要地多谈几个其他的例子。某些怀疑论者撰文指出，基督教最大的罪是破坏家庭，使女人远离家庭和儿女，走进独身、默想的静修生活。然而，其他（稍稍较高级的）怀疑论者则指出，基督教最大的罪是把家庭和婚姻强行加诸于我们身上，使女人注定要为家庭和儿女过着单调乏味的生活，不容许她们享受孤独和默想。这个指控跟先前的刚好相反。再例如，有些反对基督教的人指出，使徒书信或婚礼中有轻蔑女性智慧的语句。可是，我发现反对基督教的人本身就有轻蔑女性智慧的行为；疯狂讥笑欧洲大陆的教会"只有女性"才参与其聚会的，正是他们。再例如，这一分钟穿麻衣、吃干豌豆的基督教被指摘为太过赤身露体、挨饥抵饿；下一分钟，基督教又因为斑岩①圣坛和金色长袍，被指摘为太华丽、过分注重礼仪。基督教同时被辱骂为太素淡和太色彩缤纷。再例如，基督教经常被指斥为过分压制性欲；布莱德洛②这位马尔萨斯人口论的信徒（Malthusian）却揭示基督教这方面克制不足。基督教往往在同一范畴被指控为拘谨古板及过度铺张。在同一本无神论者小册子的封皮之内，我发现一方面有人训斥基督教有失团结："一个人这样想，另一个人那样想。"另一方面，有人训斥基督教太过一致："不同的意见可防止世界步向衰亡。"在同一对话中，我的一个自由思想家朋友责备基督教看不起犹太人，然后他自己看不起基督教，因为它是犹太人的宗教。

那时候我想公正持平，现在我仍想公正持平；因此我不会就此推论一切抨击基督教的说法都是错的。我只推论基督教若然是错的，一定是错得十分离谱。那些带敌意令人恐惧之事或可合成一样东西，但这东西必定非常怪异和独一无二。虽然有些人既是守财奴又是挥霍者，但这样的人毕竟罕有。虽然有些人既耽于酒色又苦行禁欲，但这样的人毕竟罕

---

① porphyry，是一种美丽贵重的紫色石头，高度磨亮，用于建造皇宫和教会的地台及柱子。——译注
② 马尔萨斯的追随者。马尔萨斯是 19 世纪经济学家，关注人口增长超出粮食供应的问题，主张在延期的婚姻中抑制性欲。参见本章 89 页注释 1。——译注

有。假如这大量使人发疯的矛盾确实存在：贵格会教徒式行为与嗜血残忍的行径、太华丽与太褴褛、苦行禁欲与乖戾地迎合眼睛的贪欲、作为女人的敌人与成为她们愚蠢的安慰者、一个认真的悲观主义者与一个糊涂的乐观主义者——假如这种矛盾的邪恶真的存在，在它当中一定有一些至高无上、与别不同的东西，因为在我的理性主义老师中我找不到这种非凡的讹误。在他们的眼中，基督教（理论上）只是人类一般的神话与错误之一。他们并没有替我破解这团扭曲而不自然的邪恶。这种邪恶的悖论甚至提升到超自然的境界，其超自然程度差不多堪与阐述教义绝无谬误的教宗媲美。一个历史上有名而从不曾走对的机构，跟一个不可能走错的机构同样堪称神迹。唯一在我脑海实时涌现的解释，就是基督教并非来自天堂，而是来自地狱。说真的，拿撒勒人耶稣若不是基督，就一定是敌基督。

其后，在宁静的一瞬，一个怪异的念头像寂静的雷电般击中我，我脑海忽然出现另一个解释。假设我们听闻很多人谈到一个不知名的男人，假设我们感到颇为迷惑，因为有人说他太高有人说他太矮；有人不喜欢他太胖有人痛惜他太瘦；有人认为他太黑有人觉得他太白。一个解释（正如前文所提出）就是他可能是奇形怪状的。但还可以有另一个解释：他的形状十分正常。高脚七会认为他太矮，矮脚虎会认为他太高。正在发胖的纨绔子弟会认为他分量不足，愈来愈清癯的花花公子会认为他已肿胀得失去了优雅的线条。也许，（头发如黄麻的）瑞典人会称他为黑炭头，而黑种人则认为他是不折不扣的金发碧眼。也许（简言之），这种极不平常的东西才是平常的东西：它是正常的事物，是一切的中心。也许，最终是基督教正常，而一切批评基督教的人神经病；虽然发病的方式不尽相同。为测试这个想法是否正确，我问自己提出指控的人有没有什么病态，导致他们作出那些指控。我赫然发现这把钥匙正好插进锁孔中，叫我大吃一惊。例如，现代社会同时指控基督教在行为上禁欲和在艺术上华丽。这个自相矛盾的指控固然古怪，但古怪程度并不亚于现代社会本身,因为现代社会一方面在物质上穷奢极侈,另一方面在艺术上极度贫乏。现代人认为贝克特①的长袍太华丽而他的膳食太粗淡;而他们自己也果真是历史上罕见的品种:从没有人是穿上这样丑陋的衣服来吃这样讲究的正餐。现代人觉得教会太简单,正因为他们的生活太复杂;现代人觉得教堂太华丽,正因为他们的生活太暗淡。不喜欢简单的禁食或筵席的人正发疯似的爱上餐前小菜;不喜欢礼服的人正穿着一条怪诞的裤子。若然有任何不正常之处,关键不在简单垂挂的长袍,而在裤子。若然有任何不正常之处,关键不在面包与餐酒,而在奢侈的餐前小菜。我仔细察看上述各例子,发现那支钥匙仍是正确的。斯温伯恩之所以对基督徒的不快乐感到烦躁、对基督徒的快乐倍感烦躁,如今就不难解释了。问题不再是基督教的恶疾出现并发症,而是斯温伯恩的疾病扩散开来。基督徒的克制使他难过,因为他较健全的人更讲求享乐。基督教的信仰惹怒他,因为他较健全的人更悲观厌世。同样地,马尔萨斯人口论的信徒之所以本能地抨击基督教,不是因为基督教有什么专门反对马尔萨斯信徒的地方,而是因为马尔萨斯人口论有些许反人道的成分。

虽然这样,我不认为基督教纯粹合乎情理,站在一个不偏不倚的中间位置。基督教的确有所强调,甚至带点疯狂,以致现世主义者(secularists)那些肤浅的批评乍一看来并不是全无道理。也许,基督教蕴藏着一些智慧,而我愈来愈发现基督教散发着不一样的智慧,那不纯粹是世间的智慧,那不纯粹是自我克制、品格高尚。虽然,基督教凶狠的十字军与温顺的圣人或可互相平衡,但十字军委实非常凶狠,圣人委实非常温顺,其温顺远超乎人之常理。正当我思考到这一点,我想起自己对殉道者和自杀者的看法。在这件事情上,两种近乎疯狂的立场结合起来而

---

① St. Thomas a Becket (1118—1170),坎特伯雷大主教,因英王亨利二世对教会事务的过度干预与其产生激烈争论。英王的四位武士于坎特伯雷教堂胁迫不成后,将其杀害。

不晓得什么缘故就相当于正常。这又是另一个矛盾，而我已发现这种立场合于事实。这貌似矛盾的立场亦正是怀疑论者否定基督教信仰其中一个论点，而我发现基督教在这方面并无不当。有人或像基督徒一样疯狂地敬爱殉道者、痛恨自杀者；相比之下，远在思考基督教的信仰时，我已对两者爱憎分明，疯狂的程度简直无人能及。其后，最难解最有趣的思维活动开启了，我逐渐在我们神学庞大的思想体系当中迷糊地探索着这个特别的想法（前文谈到乐观主义者和悲观主义者时已略述一二）：我们需要的不是混合或折衷的物体，而是处于活力顶点的东西；无论是爱是恨，都必须是燃烧着的。这里我只就伦理的层面谈论这个想法。我毋须提醒读者这种结合观其实是正统神学的中心思想，因为正统神学特别强调耶稣基督不是非神非人（如小精灵般），也不是半人半非人（如半人半马怪物般）；基督既是人又是神，同时是彻底的人和彻底的神。就让我把这个观念阐述如下。

所有神智正常的人都会看见，正常是一种均衡的展现；发疯的人或会吃得太多或太少。有些现代人提出有关进步和进化含糊的说法，旨在破坏介子（meson）或亚里士多德①的平衡点。他们似乎认为我们注定要愈来愈严重地受饥荒折磨，又或注定要永不停歇地每天吃愈来愈大分量的早餐。然而，介子仍然是一切爱思考的人自明之理。那些进化论者所能动摇的，不过是其自身的平衡。假定我们全都要保持平衡，使人真正感兴趣的是如何保持平衡。这是无宗教信仰者试图解决的问题；我认为基督教已解决了这个问题，并以一种非常奇怪的方式解决了这个问题。

无宗教信仰者声称美德存于平衡之中。基督教却声称美德存于冲突之中；所谓冲突，就是两种表面上看似相反的情感碰撞在一起。当然，

---

① Aristotle（公元前384—前322），古希腊哲学家和科学家，柏拉图的学生，两人被公认是西方哲学的创建者，强调逻辑是一切研究的基础。

两者并不是真正的不一致；两者只是很难在同一时间持守着。让我们暂且再以殉道者和自杀者为切入点，谈谈勇气的例子。没有一种特质曾使人如斯头脑昏乱，使人在界定何谓纯理性的圣人时产生如斯混淆。确切来说，勇气一词本身就几乎是个吊诡。勇气的意思是以乐意死去的形式来表达强烈的生存意欲。"得着生命的，将要丧失生命；为我失丧生命的，将要得着生命。"①这不是写给圣人和英雄的玄思妙句；这只是写给水手或攀山者的日常忠告。这句话可以印于阿尔卑斯山登山手册，又或一本普通的练习簿。这个看似矛盾的真理就是勇气的整个原则，姑且勿论那是凡人还是野蛮人的勇气。一个被大海包围的人如果在悬崖上冒险一跃，或会救回自己的生命。人唯有不断踏进死亡咫尺范围内，才能逃离死亡的追捕。一个遭敌人重重包围的士兵若要杀出一条血路，极度贪生之余，还要异常地绝不怕死。他不能单单恋栈生命，这样他只会是个懦夫，必不能逃出生天。他也不能单单静待死亡，这样他形同自杀，结果自必难逃劫数。他要抱着一种激烈而冷漠的求生精神；他要像爱慕水般恋慕生命，又要如喝酒般饮下死亡。我猜想从没有哲学家能把这个浪漫的谜团完全清晰地表达出来，我当然也做不到。就此，基督教不仅胜任，还绰绰有余：基督教划清了自杀者和英雄所葬坟墓的界线，把为生而死与为死而死的尸骨区分开来。自此，欧洲的长矛上飘扬着基督教骑士精神玄妙的旗帜；那正是基督徒蔑视死亡的勇气，跟中国人蔑视生存的勇气不可同日而语。

  如今，我渐渐发现，这种双重感情正是基督教一切伦理的诀窍。每一处，基督教的信条都是在两种激烈情绪平静的碰撞中取其平衡点。就以徘徊在纯粹自负和纯粹俯伏之间的谦逊为例，普通的无宗教信仰者，例如普通的不可知论者，只会说他对自己感到满意，而不是傲慢地自以为是，世上有许多比他好或比他糟的人，他的功绩虽然有

---

① 圣经《马太福音》10：39。

限,但他会竭力使自己获得应得的奖赏。简言之,他会昂首阔步,但不一定鼻子朝天、目中无人。这是合于人情又合于道理的立场,可是却会面对前文提到有关乐观主义和悲观主义的妥协问题,即阿诺德那种"听天由命"的态度。所谓两件事物的混合体,就是把两件事物稀释的物体——每件东西都不是处于最佳状态,都不能展现最光鲜的色彩。这种合乎中道的骄傲不能像管乐器的簧片般提升心境;你也不能为此穿上深红夹金色的衣服。另一方面,这种温和而理性的谦逊不能借火焰净化人的心灵,又或使灵魂如水晶般澄莹;不能(像一种彻底而锐利的谦卑般)使人变成小孩子,坐在大地上听从小草的呼唤。这种谦逊不能使人仰望星空,看见不可思议的神迹;因为爱丽斯必须要变得微小,才能在仙境中漫游。①因此,这种谦逊既无骄傲的诗情,也无谦卑的画意。

基督教就是要借着奇怪的对策,设法挽回那份诗情画意。基督教先把两个概念分开,然后加以激化。一方面,人从未如此高傲;另一方面,人又从未如此谦卑。只要我是人类的一分子,我就是万物之灵;只要我是一个人,我就是罪恶之首。谦虚如果只意味着悲观主义,意味着人要对自己的命途抱持模糊而刻薄的想法,那就全都给我们消失吧。我们不要再听到传道者的恸哭,哀诉"人不能强于兽"②,不要再听到荷马③的呐喊,慨叹人只是原野走兽中最可悲的一种。人是漫步园子中的神的塑像。人本来强于兽的,变得可悲因为人不是兽,而是一个不完整的神。希腊人说人在大地上爬行,像要粘着尘土似的。人类其实应如开垦土地似的踏在大地上。因此,基督教认为人的尊严只能借金光四射的皇冠和华丽夺目的孔雀羽屏表达出来。与此同时,基督教又认为人的卑

---

① 《爱丽斯梦游仙境》(Lewis Carroll, *Alice in Wonderland*, 1865)。
② 圣经《传道书》3:19。
③ Homer,相传为公元前9世纪希腊吟游诗人,著有史诗《伊利亚特》(*The Iliad*)、《奥德赛》(*The Odyssey*)。

微只能借禁食和奇妙的顺服、借圣多米尼克①的灰烬、圣伯纳德②的白雪表达出来。当人想到自己那个我时，脑子里应该有宽敞的界域和空隙，容纳严峻的自我克制和使人悲痛的真理。在那里，注重实际的绅士可以放弃自己，只要放弃自己是为了走向自己。在那里，快乐的悲观主义者可流连于空旷的游乐场。就让他说任何对自己不利的话吧，只要所说的不会亵渎他存在的原意；就让他自称笨蛋甚至是该死的笨蛋吧（尽管带点加尔文主义色彩），但是他一定不能说笨蛋是不值得拯救的。他一定不能说一个人就其本身而言可以是毫无价值的。这里我又再一次扼要地说，基督教能够克服把两种极度相反的事物结合的困难。教会对两者都抱持明确的立场。对人的自我，我们很难想得太少；对人的灵魂，我们很难想得太多。

　　再举另一个例子，就谈谈爱这个复杂的问题吧！有些极不慈悲的唯心论者似乎认为这是颇容易的事情。就像谦逊和勇气，爱是一个吊诡的概念。不加修饰的说法是，爱无疑是指以下其中一样事情：其一是宽恕一些不可宽恕的行为；其二是爱一些不可爱的人。可是，当我们问自己（正如在骄傲的例子一样）：一个合情合理的无宗教信仰者会怎样看这个问题，那就大概要打从基本的考虑入手。一个合情合理的无宗教信仰者会说：有些人可原谅有些人不能原谅——一个偷酒的奴隶或可一笑置之，但一个出卖恩人的奴隶理应处死，死后甚至要加以诅咒。就是说，只要所犯的事情可以原谅，犯事的人就可以原谅。跟前文的想法一样，这个考虑的角度合于理性，甚至使人精神一振；但毕竟把事物淡化了。这种观点并没有留下空间给一种对不公义之事纯全的憎恶，叫清白无罪

---

① St. Dominic（约1170—1221），又译圣道明，西班牙天主教布道托钵修会道明会创始人，黑衣修士为其修会特征。圣道明为对抗艾伯塔派（Albigensians）的异端，而成立了一个专为归化艾伯塔派的修会，即道明会。圣道明于1234年荣列圣品。
② St. Bernard（1090—1153），法国天主教西笃会修士、神秘主义者和圣师。1115年任克勒窝修道院院长，数次在宗教和世俗会议及神学辩论会上作仲裁调停人，先后五位教宗的心腹，是当时欧洲最有名的宗教人物。他的作品拥有特殊的风格，献身的生涯又是如此投入，天主教会史上尊称他为"流蜜圣师"（doctor mellifluus）。

的美借此绽放异彩。同样地，这种观点也没有留下空间给一种对人类本身纯全的关爱，叫人类的恻隐之心借此迸发光芒。如前所述，面对这种吊诡，基督教又以使人吃惊的姿态，用剑把事物劈成两半，把罪跟罪人一刀砍开。对于罪人，我们要饶恕他七十个七次；对于罪，就是一次都不能原谅。认为奴隶惹来一半愤怒一半怜悯是不足够的。我们应该远比从前更憎恶偷窃，又同时远比从前更怜悯盗贼。基督教留下充裕的空间，让愤怒和爱心都可疯狂走动。我愈思考基督教的问题，愈发觉它建立的法则秩序有一个主要的目的，就是要提供充裕的空间，叫美好的事物得以疯狂走动。

精神和感情自由并不如看似的简单，就像社会和政治自由一样，有赖法律和各种条件巧妙地平衡才能达至。一个普通而具审美趣味的无政府主义者虽然从自由出发，让自己无拘无束地感受万事万物，但他最终却发现自己纠缠在一个吊诡中，什么也感受不到。他试图打破诗歌基本的制约；但当他不再凭借那些制约作为感受的基础时，就不再感受到《奥德赛》(Odyssey) 了。他试图不再受民族的偏见羁绊，悠然置身于爱国主义之外；但置身爱国主义之外就等于置身《亨利五世》①之外。这样的一个文学家其实是置身于所有文学作品之外：他比任何盲从者更像一个囚犯。原因是假如有一道墙竖在你和世界之间，你形容自己是困在墙内或困在墙外，根本毫无分别。我们需要的不是在一切正常情感以外的普遍性；我们需要的正是存于在一切正常情感之内的普遍性。逃离和摆脱完全是两码事：逃离指不再受一些东西束缚，就如离开牢狱的生涯；摆脱则是指跟一些事情再无瓜葛，就如一个人不再属于一个城市一样。我或可逃离温莎堡 (Windsor Castle；意即没有人把我拘留在此)，但却无论如何也不可能摆脱这座建筑物。

---

① 《亨利五世》(Henry V) 是英国剧作家莎士比亚创作的一部历史剧，基于英格兰亨利五世国王的生平，着重描写百年战争期间阿金库尔战役的前后事件。

人要是几近摆脱了高雅的情感,又怎能叫高雅的情感在纯净的空间晃荡而不会变得破损或邪恶?基督教处理这种并行而吊诡的情感尤为出色。在神与恶魔交战这基本教义的大前提下,世界的反抗与败落、人的乐观与悲观情绪就像纯诗歌一样,绝对可以如瀑布般自由倾泻。

圣法兰西斯①赞美一切美好之事时,是可以较惠特曼②更像一个声音洪亮的乐观主义者。圣哲罗姆③痛斥一切邪恶之事时,是可以较叔本华更能描黑世界。由于摆放在恰当的位置,他们的感情都是自由奔放的。乐观主义者大可对高昂的进行曲、金色的喇叭、战争的紫旗尽情倾出一切的赞美,但一定不能说战斗是不必要的。悲观主义者大可把行军的病态、战事的残暴不留余地地刻画入微,但一定不能说战争是没有希望的。基督教在这个问题的立场跟其他道德问题如骄傲、反抗、怜悯等并无二致。借着界定最重要的教义,教会不仅把看似矛盾的事物放在一起,甚至容许这些事物以一种富有艺术性的暴力爆发出来(一种或许只有无政府主义者才会爆发的暴力)。于是,温柔竟变得比疯狂更富戏剧性。历史上的基督教上演了一幕崇高而奇异的道德剧,最戏剧性的效果来自突变的剧情——把事物的美德推到极点,就像尼禄④的罪行把邪恶推到极点一样。愤怒和仁爱的情绪都以可怖而具吸引力的方式表达出来:既有苦行僧般的狂热——严斥最早和最伟大的金雀花王朝的成

---

① St. Francis of Assisi (1181—1226),天主教法兰西斯会创始人。有关他的传闻轶事甚多,例如向飞鸟传道、驯服凶恶野狼、身上带有耶稣的圣痕等,以及对上帝所造万物的赞美讴歌《太阳兄弟颂歌》(*Canticle of the Sun*),称太阳为兄弟,月亮为姊姊等。
② Walt Whitman (1819—1892),19世纪美国最伟大的诗人之一。他的写作风格清新质朴,其诗文不拘泥于格律,思想自由奔放,鼓舞人心,又能从变化无常的世事中,直指生命的真谛。著有《草叶集》(*Leaves of Grass*)。
③ St. Jerome (约342—420),传统上认为他是最博学的拉丁教父、圣经翻译家和注释家。公元406年,他完成拉丁文圣经的翻译工作(圣经武加大译本),当时曾对异端帕拉纠主义发起攻击。
④ Nero (37—68),生性多疑和猜忌,在罗马历代皇帝之中,尼禄被公认是最残暴的一个,曾对基督徒进行极其邪恶的镇压。

员（Plantagenets）①，又有圣凯瑟琳②高尚的怜悯——在正式的屠杀场所亲吻罪犯淌血的头。诗除了可创造出来，更可活演出来。今天，这种对道德伦理壮烈而具纪念价值的方式随超自然的宗教消失了。谦虚的他们只管列队行进；骄傲的我们不屑于追求卓越。我们的伦理老师提倡监狱改革的论说通情达理，但大家大概不会看见卡伯利③先生或任何著名的慈善家走到里丁监狱去，在尸体被丢到生石灰前拥抱遭问吊的死囚。我们的伦理老师撰文温和地反对百万富翁的权力，但大家大概不会看见洛克菲勒④先生或现代社会任何专制者在威斯敏斯特教堂（Westminster Abbey）遭公开鞭打。

因此，现世主义者对基督教的双重指控除了给自己带来黑暗和混乱之外，也带来了信仰真正的亮光。无疑地，历史上教会同时强调独身和家庭，同时（你可以这样说）强烈地赞成和不赞成生育。教会把此两者并列放在一起，就如把红白两种强烈的颜色并列，就如并列在圣乔治盾牌上的红白二色。教会对粉红色常抱有一种健康的憎恨，因为混合的颜色正是哲学家虚弱无力的应变方法。教会憎恨渐渐进化为白色的黑色，因为这相当于污秽的灰色。其实，教会一整套的童贞理论可以借以下一个象征说法陈明：白色是一种颜色，绝不是欠缺颜色。我在这里的主张可以借以下的说法表达出来：基督教在上述绝大部分的例子中都设法使两种颜色并存，而每种颜色又不失纯净。那断不是黄褐色、紫色等混杂的颜色；那较像闪缎，因为闪缎往往呈直角（可谓角度正确），并呈十字架的样式。

这个论点当然会惹来反对基督教的人就顺从与杀戮之矛盾的指

---

① 金雀花王朝，指亨利二世到查理三世（1154—1485年间）统治英格兰的十四代国王及时期。
② St. Catharine of Alexandria，早期基督教的殉道者。活动时期约公元4世纪初，传说她出身贵族，才学兼备，时常劝阻罗马皇帝迫害天主教徒的行为，最后被判处以棘轮绞死并斩首。
③ George Cadbury（1839—1922），英国成功商人和社会改革者。他与其兄查理德为了使员工得到好的社会保障、能够安居乐业，于是在英国伯明翰附近规划建镇以及建造员工集体住宅。
④ John D. Rockefeller（1839—1937），美国实业家、慈善家，以进行石油工业革命与塑造现代慈善的企业化结构而闻名，为美国第一位十亿富豪与全球首富。

控。不错,教会的确叫一些人战斗,而叫另一些人不要战斗;不错,战斗的人有如雷电,不战斗的人有如雕像。但这一切不过显示教会宁取超人的方式,又或宁取托尔斯泰的方式。战斗的生命一定有优胜之处,不然不会有这么多好人乐于成为士兵;不抵抗的概念也一定有优胜之处,不然不会有这么多好人似乎乐于成为贵格会教徒。教会(在有限的程度上)所做的,就是防止其中一种取向逐走另一种取向。两者必须并存同行。追随托尔斯泰思想的人拥有修士的一切顾虑,于是变成了修士。贵格会没有变成教派,只发展成为俱乐部。修士说着托尔斯泰的话,对战争的残酷和复仇的虚妄倾吐出清晰的悲叹。但托尔斯泰学派的人又不至于健全到能管治整个世界;信仰世纪不容他们管治世界。世界还未失掉詹姆斯·道格拉斯爵士[①]最后的告诫,又或圣女贞德的旗帜。有时候,这种纯全的温柔和纯全的狠劲会碰到一起,并证明两者的接合点是正当的:所有先知那一切貌似矛盾的预言应验了;在圣路易[②]的灵魂中,狮子躺卧在羔羊身边。不过,当谨记这段文字的诠释往往流于轻率,往往使人确信躺在羊身边的狮子变得像羔羊般温驯。这种诠释在托尔斯泰思想的拥护者当中尤为明显。但这等于把狮子吃羊的故事倒过来变成羊把狮子吸收了,这也就是羊的扩张主义,因为羊把狮子粗暴地吞并了。真正的问题是狮子能否躺在羊身边而仍然能保持君王似的凶猛?这就是教会试图应付的问题,也是教会带给世界的神迹。

前文提到我们要猜中潜藏生命中稀奇古怪之事,就是这个意思,即晓得人的心脏在左边而不在中间;晓得地球是圆之余又晓得它哪一处是方的。基督教的教义能洞悉生命的怪异:不仅发现万物的规律,而且预

[①] Sir James Douglas (1803—1877),英国在加拿大的殖民者,开创不列颠哥伦比亚殖民地,有"不列颠哥伦比亚之父"之称。
[②] St. Louis (1214—1270),即法国国王路易九世 (Louis IX),多次带领十字军东征,希望能收复耶路撒冷及大马士革。他是最孚众望的卡佩王朝君王,以公正和虔诚著称。

见例外的事物。那些认为基督教发现怜悯的人,实在对基督教评价过低。有谁不发现怜悯?怜悯者,人人皆见;但若能发现一个又严厉又富怜悯的计划,那就是预先考虑并满足了人性一种奇特的需要。这是因为没有人渴望自己犯的大罪会被视作小罪来宽恕。谁都会说我们不应太难过又或太快乐;但若能找出人可以难过到哪个地步而又不会变得不可能太快乐,那就是对人的心理状态的洞悉。谁都会说"不卑不亢",这或许只会带来限制;但若能指出"这处你该亢奋,那处你该谦卑",那就是带来解放。

这是有关基督教伦理的一个重大事实:一种全新平衡的发现。无宗教信仰者的信仰就像一根大理石的柱子,由于符合对称的比例,所以能笔直地站立着。基督教就像一块巨大、巉峻而浪漫的石头,纵然稍一触动,底部便左摇右晃,但由于夸张的赘生物恰好互相平衡,这块大石竟然千年来如王者般屹立不倒。在一座哥特式的大教堂中,每一条支柱都是不同的,缺一不可。每个支持点都看似偶然而奇妙;每个拱壁都是飞檐拱壁。因此,在基督教的世界,貌似偶发的事物正互相平衡。贝克特在他红金色的礼服内穿了苦行者的刚毛衬衣,这是一身饶有意义的配搭;贝克特受惠于刚毛衬衣,街道上的人受惠于红金色的礼服。这种风格至少比外面着装以黑色或灰褐色面料示人,而胸部内里又贴上金色的那个现代的百万富翁可取。不过,这种平衡不一定在一个有着像贝克特身体的人达至,它往往借着基督教世界整个身体的分布来达至。一个人在北方的雪地祈祷和禁食,南方的城市得以在他的喜庆日抛掷鲜花;狂热者在叙利亚的沙漠上喝水,人仍可在英国的果园喝苹果汁。基督教世界这种令人感到既困惑又有趣的特质,无宗教信仰的帝国绝对望尘莫及;就像亚眠大教堂(Amiens Cathedral)不比帕特农神庙(Parthenon)优胜,而偏偏较后者有趣。就这一点,你如果想在现代社会找证据,不妨细看一个奇怪的事实:受基督教文化影响的欧洲(基本上仍属一体)已分裂成不同的国家。爱国主义正是这种刻意借不同侧重点来取得平衡的最佳例证。无宗教信仰的帝国或按其本能说:"你们将是罗马帝国的公民,将会变得愈来愈相似,让德国人不要如此缓慢而可敬,让法国人不要如此注重经验而敏捷!"孕育在基督教文化下的欧洲则按其本能说:"任由德国人保持缓慢而可敬,好叫法国人更加安然地敏捷而注重经验。我们可从这些过度的行为取得绝妙的平衡。富于德国色彩的荒谬将会矫正散发着法国气息的疯狂。"

最后又是最重要的一点是,这种平衡观正好解释了令那些现代基督教史评家们感到大惑不解之事。我指的是那些就神学小小的论点而引发的大战争、就一个姿态或一个字而扬起的地震似的激情。只不过是一英寸的事情;但一英寸就是正在处于平衡状态的一切。教会若要在这种不对称的平衡上继续其伟大而勇敢的探索,就不能接受这毫厘的偏差。一种思想一旦变得不够强大,其他的思想就会变得过于强大。基督教牧者带领的绝不是一群绵羊,而是一群公牛和老虎;每一头都抱负着骇人的理想和强悍的教义,其中任何一个理想或教义都足以沦为虚假的信条,使世界遭到彻底的践踏。我们当记住教会是特别为了一些危险的思想而建立的,教会是狮子的驯兽师。谁都看见:受圣灵感孕童贞女生子、神儿子的死亡、罪得赦免、预言应验等思想,统统都是稍一触动就很容易变得凶猛可怕、亵渎神明。地中海的技师掉下了一个最小的链环,那头列祖列宗悲观主义的狮子就会在北方被遗忘的森林中挣脱身上的锁链。有关神学观念的均衡问题,我稍后会再加讨论。这里已然足以显示,一个教义上小小的偏差,足以带来人类极大的不幸。一个把象征的本义错误地表达的句子,可能会粉碎全欧洲最精雕细琢的塑像。一些定义稍有差池,就可能会叫一切舞蹈停止,叫一切圣诞树凋萎,叫一切复活蛋被捣碎。教义必须严加界定,就是为了人类可以享有一般人性的自由。教会一定要分外小心,慎防世界不够小心。

这就是正统信仰令人震撼的浪漫。一般人往往陷入一个愚蠢的习惯,惯性以为正统信仰是沉重、单调而不会出错的事物。从来没有比正统信仰更冒险、更刺激的事情了。正统信仰是健全正常的,而处于正常状态比处于疯狂状态更富戏剧性。那种平衡的优美有如以下的景象:一群马匹发狂似的往前奔跑,驭马的人左倾右斜,看似摇摆不定,其实每一个姿势都发挥着雕塑术的雅致和算术的精确。无疑地,早期的教会的确驾着不同的战马猛烈而飞快地冲锋陷阵;但如果说教会只不过像庸俗的狂热分子般,沿着一个思想疯狂地往前奔跑,就完全不符合历史事实了。教会往左边倾侧、往右边斜靠,就是要准确地避过眼前巨大的障碍物。一方面,教会要闪避阿里乌主义①这庞然大物:一种来自各样世俗力量、为要使基督教变得过于入世的教义;另一方面,教会又要倾侧躲开东方主义(orientalism):一种或会使基督教变得过于出世的思想。

正统教会从来没有选择驯顺的道路或接受传统的习俗;正统教会从来都没有受人尊敬。要接受阿里乌信众的属世权力,真是易如反掌;要跌落于17世纪加尔文主义弥漫的预定论(predestination)的无底深坑,同样易如反掌。做狂人容易不过,同样做异教徒也容易不过。随时代的意愿走有何困难,随自己的意愿走才困难呢!做现代人何其容易,这有如附庸风雅般容易。基督教的历史道路上曾敞着各式时尚、各样教派,一个又一个由错误和夸张设下的陷阱,要掉落任何一个陷阱是非常简单的事情。一个人下跌的角度可以有无限个,但叫人站住的角度却只有一个,要跌入陷阱往往十分简单。要掉落到诺斯替主义②到基督教科学派任何一种教义的陷阱并不困难,这相当于走在一条明显而平顺的道路

---

① 阿里乌主义(Ariamism),曾任亚历山大主教的阿里乌认为,圣子是受造物中的第一位,基督不是上帝也不是人,是上帝跟人中间的媒介。在公元325年的尼西亚会议中,阿里乌主义被斥为异端,确立了耶稣和天父上帝是同一本质和平等的思想,为传统基督教教义三位一体的发展奠下历史性基础。

② 诺斯替主义(Gnosicism),诺斯替一词以希腊文gnosis(知识)为基础,它盛行于公元2—3世纪罗马世界的宗教与哲学运动。诺斯替主义根据宇宙二元论,主张把宇宙分成灵性世界与物质世界;前者是善的,是人生归宿最高的境界;后者是恶的,是束缚人生的桎梏。人要得救,必须脱离物质世界的束缚,而知识就是救人唯一的工具。

上。但要一一避开这沿路的陷阱，却要像卷着旋风似的探险。我隐约看见天上的战车轰隆隆地飞越一个又一个世纪：晦暗的异端正笨拙又筋疲力尽地在地上爬行；狂烈的真理虽然摇摇晃晃，但却挺立于世上。

第七章　永恒的革命

前文曾提出以下三个命题：其一，人对生命总要抱持某种信仰，方能加以改进；其二，人对事物总要带有某种不满，方能真正感到满意；其三，要抱有这种必要的满意和必要的不满，就不能像斯多葛派学者般单单追求内在的平静，因为单单听天由命的人，既不能享受喜乐的无常多变，也不能承受痛苦的极度煎熬。那种劝人"一笑置之、默默承受"的忠告，其实有一个重大的矛盾，因为人若要默默承受，就不会咧嘴而笑。希腊的英雄不会咧嘴而笑；滴水嘴怪兽（gargoyles）才会——因为后者是基督徒。基督徒若然感到高兴，（最正确的说法）是会又惊又喜；其喜乐夹杂着震惊。

早在那些神经过敏、有相当地位的人对耶路撒冷街头群众的欢呼声表示不满时（这种人在今天或会对手摇风琴表示不满），耶稣基督已预告了哥特式建筑的格局。耶稣说："若是他们闭口不说，这些石头必要呼叫起来。"①在基督那份精神的策动下，一座座中世纪大教堂崛起如喧嚣的合唱团，教堂的正面堆满了叫喊的脸、张开的嘴。那个预言果然应验了：石头正在呼叫起来！

假如单就讨论而言，我们暂且接受上述的观点，就可回到前文谈及"自然人"（the natural man）的思路了。苏格兰人（用熟悉得教人遗憾的方式）称这种未悔过自新的人性为"旧人"（The Old Man）。就此，我们不妨提出一个明显摆在眼前的问题。

---

① 圣经《路加福音》19：40。

人必须有某种满足感，万物方能有所改进。但万物有所改进究竟是什么意思？大部分现代的讨论都只不过是循环论证，即离不开那个前文用来象征疯狂和"理性就是一切"的往复循环。进化必须带来好事，进化才是好事；好事必须有助进化，好事才是好事。大象站在乌龟上，乌龟站在大象上。

显然，借大自然的原则建立理念是行不通的，原因很简单，大自然基本上并无原则可言（某种有关人性或神性的理论另作别论）。例如，今天有些低俗的反民主人士会郑重地跟你说：大自然没有平等可言。他们只说对了一半，却看漏了逻辑的另一半。大自然没有平等可言，但大自然同样没有不平等可言。不平等跟平等一样，隐含着一种价值标准。凭空推断特权阶级存在于动物的无政府世界中，就像凭空推断民主制度存于其中一样感情用事。民主制度和特权阶级都是人类的理想：一种认为人人皆有价值，而另一种认为有些人较有价值。然而，大自然并没说过猫较老鼠有价值；它对此也从未作出过任何评论。大自然甚至没说过猫惹人妒忌或老鼠值得同情。我们认为猫较优越是因为我们有（或说大部分人有）一种特殊的哲学，叫我们相信生命较死亡优胜。但老鼠如果是一只德国悲观派老鼠，大概不会认为自己是猫的手下败将。反之，它或许会认为猫技不如它，不及它快进坟墓；又或认为自己借着使猫存活，把可怕的刑罚加诸猫身上。就像一粒细菌或会因为散播了恶性传染病而引以为荣，那只悲观厌世的老鼠或会因为自己使猫重新意识到存在的苦恼而雀跃不已。一切全在于老鼠信奉的哲学。你甚至不能说自然界有胜负或优劣之分，除非你本身有一套事物孰优孰劣的学说。你甚至不能说猫得分较高，除非有一套计分的制度。你甚至不能说猫取得最好的东西，除非有最好的东西可供提取。

由此可见，我们不能从大自然找到理念。由于这里谈论的是一个首要的、关于大自然的推断，我们（目前）暂且不谈理念从神而来的假设。说到愿景，我们必然有自己的一套；不过大部分现代人所表达出来的看法都极其含混。

有些人只简单地倒退到时钟的观念去：他们就像在说只要随着时间的推移，就会有一定的优越性；因此，即使是智力一流的人，也会不小心地提出以下的说法：人类的道德从来没有跟上时代。试问又有什么事曾跟上时代？——日子是没有特质的。人怎能说庆祝圣诞不宜在某个月的 25 日？当然，那个作者的意思是指大多数人正在他最喜爱的少数人之后（跟不上时代）——又或在他们前面（属过去的年代）。

另一些言词含混的现代人则躲到物质的隐喻中去，而这正是含混的现代人显而易见的标记。由于不敢界定什么是良好的，他们不吝啬又不羞赧地使用具体的修辞格比喻，而最差劲的是，他们似乎认为这些低劣的模拟境界深邃，优于古老的道德。因此，他们认为谈论"高深"的事物是智慧的表现。殊不知这刚好是反智的表现；只不过是尖塔或风向鸡的用语。"汤米是个好男孩"是一个纯哲学的陈述，与柏拉图或阿奎那①的看齐。"汤米过着较高层次的生活"是一个十足的隐喻，来自一把十尺长的直尺。

顺此一提，这几乎就是尼采思想最大的弱点。有些人把尼采形容为勇敢、坚强的思想家。没有人会否认尼采是一个诗意盎然、能引起联想的思想家，但他绝对是坚强的相反，而且一点儿也不勇敢。他与亚里士多德、加尔文，甚至马克思②这些勇猛的思想家截然不同，尼采从不用不加掩饰的文字把自己的意思陈明。

尼采常常借具体的隐喻逃避问题，有如一个愉快的二三流诗人。他

---

① St. Thomas Aquinas（1225—1274），13 世纪最伟大的经院哲学家和神学家，死后被封为教会博士（天使圣师）。他坚信理智能在信仰之内运作，哲学家仅仰赖理智，神学家则把信仰当作起点，然后借着理智达成结论。著有《论公教信仰的真理》(Summa contra Gentiles)、《神学大全》(Summa Theologica) 等。

② Karl Marx（1818—1883），德国政治理论家和革命家，与恩格斯共同发表《共产党宣言》(The Communist Manifesto)，并著有《资本论》(Das Kapital)。马克思最广为人知的哲学理论，在于他人类历史进程中阶级斗争的分析。他认为这几千年来，人类发展史上最大的矛盾与问题，就在于不同阶级的利益掠夺与斗争。依据历史唯物论，马克思大胆地假设，资本主义终将被共产主义取代。

说"超越善恶",因为他没有胆量说"优于善恶"或"次于善恶"。要是把隐喻一一除掉,他就可看见自己的思想不知所云。他形容心目中的英雄时,不敢说"更纯洁的人"、"更快乐的人"、"更伤心的人",因为这一切都是思想,而思想是令人忧虑的。尼采说"人上人"(upper man)或"人外人"(over man),就是采用了从杂技演员或登高山者而来的隐喻。尼采确实是一个十分胆怯的思想家,一点儿也不知道自己究竟想要进化论制造出怎样品种的人。如果他不知道,那些爱谈"高深"事物的普通进化论者肯定也不会知道。

此外,有些人倒退到完全的顺从,采取坐视不理的姿态。大自然终有一天会做些事情;至于做什么、什么时候做,谁都不会知道。我们没有采取行动的理由,也没有不采取行动的理由。若然有事发生,那件事必然是正确的;若然事情受到阻挠,那件事必然是不正确的。另一方面,有些人借着做一些事情或甚至做任何事情,预先考虑并满足大自然的进化。由于人类可能会长出翅膀,他们先行把两条腿砍掉,殊不知大自然也许想把他们变成百足的蜈蚣呢!

最后,还有第四种人:他们把任何碰巧想要的事,说成是进化的最终目的。这些人是唯一合于情理的人,这是用进化一词之唯一有益于身心的方式:为自己想要之事效力,然后称之为进化。进步或前进人类之唯一可理解的意义,就是我们有一个明确的愿景,并希望按照这个愿景塑造整个世界。或许可以这样说,这个教条的精髓,是我们周遭的事物只提供了让我们用来从事创作的方法和准备。那不是世界,而是创造世界的材料。神赋予我们的,与其说是充满五颜六色的图画,不如说是调色板上的色彩。此外,神还赋予我们主题、范型、固定的愿景。我们必须清楚地知道想画什么。就这一点,我们在之前谈及的原则上还要多加一条。前文指出我们必须喜爱这个世界,方能改变世界。现在加以补充:我们必须喜爱另一个世界(真实或想象的),方能据之改变世界。

我们毋须仅仅就进化(evolution)或进步(progress)的用语争论:

我个人较喜欢称之为改革（reform），因为改革隐含形式的改变。这就是说我们尝试把世界塑造成某个特定的形象；使世界成为我们脑海早已看见的东西。进化是一个隐喻，意味着卷着的东西无意识地展开。进步是另一个隐喻，意味着只沿着一条路行走，而走的很可能是错误的道路。改革则是为合理而坚决的人而设的隐喻，意味着我们看见一些失去形状的事物，试图使其回复形状。固然，我们知道它该是什么形状。

以下谈论的，是导致这个年代全然崩溃的一个巨大错误。我们把两种不同甚至相反的事物混淆了。进步本应指我们不断为配合愿景而改变世界；如今（才不久），进步却指我们不断改变愿景。进步本应指我们缓慢但坚定稳妥地把公义和怜悯带给人类；如今，进步却指我们迅速地怀疑公义和怜悯是否值得想望——随便一个普鲁士诡辩者①荒诞的一页纸就叫人类产生疑惑。进步本应指我们不断迈向新的耶路撒冷；如今，进步却指新的耶路撒冷不断离我们远去。我们并没有改变真实的事物以适应理想的要求。反之，我们舍难取易，只在不断地改变理想。

无聊的例子往往比较简单易懂，就让我们假定有个人想要一种特殊的世界；举例说，一个纯蓝色的世界。他应该没有理由抱怨任务微不足道或来得太急；他或可为此长时间埋头苦干，或可（在每一个层面）孜孜不倦，直至一切都变成蓝色。他可以进行英雄式的冒险活动，在靛蓝的老虎身上作最后的妆点。他可以走进仙子的梦境，在拂晓的天空悬挂湛蓝的月亮。但是，假如他破坏了什么，这个志向高超的改革家肯定是为了（从他个人的角度来看）创造一个比以前更美好更澄蓝的世界。假如他每天只把一片叶子改成自己喜爱的颜色，步伐虽慢，仍算有所进展。假如他每天都在改变自己喜爱的颜色，那就没有什么进展可言。假如他读了一个时髦哲学家的作品后，就开始把一切绘成红色或黄色，那之前的心血就统统白费了：能够显示人前的不过是几只闲来游荡的蓝老

---

① 普鲁士诡辩者（Prussian sophist），在此是对尼采的贬抑。

虎——他早期不良偏好的样品。

　　这正是一般现代思想家的处境。有人或会认为我所举的是一个公认荒谬的例子。但这正是近代历史真实的写照：我们政治文明伟大庄严的变革，全是19世纪早期的成果，全是一个黑白分明的时代的产物。那个时期的人坚定不移地相信托利党的主张①，相信新教的教义（Protestantism），相信加尔文主义，相信"改革"，而为数不少的人亦相信"革命"。无论相信的是什么，都会毫不怀疑地刻苦钻研，绝不动摇。曾经有一段日子，国家教会险些遭推翻，上议院差点倒垮。全赖明智的激进派坚守恒久不变的原则；全赖明智的激进派坚守保守党的立场。可是，在目前的氛围下，激进主义（Radicalism）根本没有足够的时间和传统去推翻任何事物。休斯·塞西尔②（在一篇精彩的演说中）不乏具有真理的建议。他指出改变的年代已成过去，我们身处的是一个保存和歇息的年代。其实，我们的年代之所以是一个保存的年代，是因为它是一个完全不相信什么的年代。塞西尔若然晓得这点，或许会感到很痛心呢！如果想要现有的制度维持现状，就得任由信念飞快而不断地溜走。心灵的活动愈是失去平衡，处事的方法就愈是流于机械化。我们一切政治的提议——集体主义③、托尔斯泰的哲学思想④、新封建主义⑤、共产主

---

① 托利党主义（Toryism），英格兰一保守政党托利党（1600s—1832）所持之主张，他们相信国王的权力来自议会，抵制宗教宽容和国外干预。
② 塞西尔家族为英格兰著名家族之一，伊丽莎白一世的财政大臣、伯利勋爵（Baron Burghley）威廉·塞西尔（William Cecil）的后裔。休斯·塞西尔（Lord Hugh Cecil, 1869—1956）为作家及议员，丘吉尔首相结婚时的伴郎。著有《保守主义》（Conservatism）。
③ 集体主义（Collectivism）认为个人从属于社会集体的社会组织，在集体主义制度下，生产工具由国家或全民拥有和支配。法国作家卢梭的《社会契约论》（Social Contract）一书，对集体主义思想作了具有影响力的表述，他认为，个人只有服从团体的"总的意志"，才能获得自己真正的存在和自由。
④ 托尔斯泰主义（Tolstoyanism）。在托尔斯泰的思想中，除了对现实的无情批判以外，还热切地鼓吹悔罪、拯救灵魂、禁欲主义、"勿以暴力抗恶"、要求"道德自我完善"等观点，宣扬一种属于托尔斯泰自己的宗教"博爱"思想，人们称之为"托尔斯泰主义"。
⑤ 新封建主义（Neo-Feudalism），以中世纪社会和经济架构为基础，但强调忠诚的劳动者不应受制于有权势者之下。

义①，以及无政府制度②、科学化官僚制度③——最终带来了一个明显的成果，就是君主政体和上议院得以存留下来。无独有偶，一切新兴的宗教最终带来的，就是英国的国家教会得以不被废立（天晓得能支持多久）。正是马克思、尼采、托尔斯泰、格雷姆④、萧伯纳、奥伯伦·赫伯特⑤一个个巨大弯曲的后背共同托起在他们中间的坎特伯雷大主教（Archbishop of Canterbury）的宝座。

我们或可概括地说，所谓自由思想其实是压制自由的最佳方式。以现代的方法管理解放奴隶的思想，就是阻止解放奴隶的最佳方式。教导奴隶忧虑自己是否想要自由，他就不能释放自己。有人或会认为这个例子遥远或极端，但这正是街上熙攘的人群之真实写照。就以身份低贱、未开化的黑人奴隶为例，我相信他们若不是具有一种对人性的忠诚，就是具有一种对自由的向往。但那个我们每天都碰得到的人——葛莱恩⑥先生工厂的员工，或葛莱恩先生办公室的小职员——由于精神顾虑太多，反而不能相信自由。革命文学使他保持沉默。在一个接一个荒诞的哲学的笼罩下，他沉默不语、坐着不动。今天他是马克思主义者，明天

---

① 共产主义（Communism）是一种政治信仰或政治经济组织制度。财产公有、全体公民按照各自所需，分享共同财富，建立一个没有阶级制度、没有政府，以及集体生产的社会。这个理论最早由马克思和恩格斯提出。
② 无政府制度（Anarchy）是一系列政治哲学思想，意思是没有统治者。反对包括政府在内的一切统治和权威，提倡个体之间的自助关系，关注个体的自由和平等；其政治诉求是消除政府及社会上或经济上的任何独裁统治关系。对大多数无政府主义者而言，"无政府"一词并不代表混乱、虚无或道德沦丧的状态，它是一种由自由的个体自愿结合，以建立互助、自治、反独裁主义的和谐社会。
③ 科学化官僚制度（Scientific bureaucracy）。官僚制度（bureaucracy）由德国社会学家马克斯·韦伯（Max Weber，1864—1920）所提出，韦伯认为任何一种合乎需要的统治都有着合理性基础，既然科学能够稳定地运作，并且呈现出等级制的权力矩阵关系，它必然也是以某种合理性作为其实现前提，而加以应用在特定权力的施行和服从关系的体现上。
④ Robert Bontine Cunninghame Grahame（1859—1932），激进派的英国政治家、演说家及作家，也是英国下议院（1886—1892年）第一位共产党员，参与了苏格兰工党（1888年）和苏格兰国民党（1918年）的组建。
⑤ Auberon Herbert（1838—1906），英国贵族、议会成员，率先提出自由志愿军制度，以抵御外侵。赫伯特曾明确拒绝无政府主义的标签，将无政府主义与当时盛行的社会主义流派画上等号。著有 *The Right and Wrong of Compulsion by the State and Other Essays*。
⑥ Mr. Gradgrind 为狄更斯（Charles Dickens，1812—1870）小说《艰难时世》（*Hard Times*）中的主角，该书描写劳资矛盾，展示了工业资本家对工人的残酷剥削和压迫，描写了工人阶级的团结斗争，并批判了为资本家剥削辩护的自由竞争原则和功利主义学说。

他是尼采的支持者，（可能）后天他是超人，而每一天他都是奴隶。一切哲学过后，唯一留下来的东西是那座工厂，唯一得益的人是葛莱恩。因此，葛莱恩绝对值得投放时间和精力，以源源不绝的怀疑论作品巩固商业社会的奴隶制。

说到这点，我想起葛莱恩是以捐赠图书闻名的。他果然有非凡的触觉。所有现代的书籍都是站在他的一方。只要天堂的景象经常改变，人间的景象将会保持不变，因为没有持久的理想可供实现或部分实现。现代的年轻人永不会改变他的环境，因为他经常改变自己的想法。

因此，追求进步的理想之所以界定为理想，第一个条件是所追求的理想必须固定不变。惠斯勒①习惯于一次性速写多幅模特儿的画像，他就是撕掉二十幅肖像画重绘也不是问题；但如果他抬头二十次，每次看见的都是全新的一位模特儿静静坐着等他落笔，那就绝对是问题了。因此，人类即使常常无法实现理想，这（相对来说）并不是问题，因为累积起来的失败经验始终是有益的。可是，人类如果经常改变自己的理想，这就是极大的问题，因为一切失败的经验都变得徒劳无益了。因此，问题的关键在于，我们如何能叫一个画家对自己的画作感到不满意，而又不至于对绘画艺术深感不满？我们如何能叫一个人对工作的果效有所失望，但又常常对工作的过程感到称心？我们如何能确定那个画家只会把画像抛出窗外，而不是采取一个自然或较接近人类脾性的做法：把模特儿掷出窗外？

严格的法则不但是管治不可或缺的元素，而且也是反叛不可或缺的元素。任何形式的革命都必须有固定而熟悉的理想。人类只会对旧思想作出快捷的反应，对新思想有时会反应缓慢。我的存在如果只是为了飘

---

① James Whistler（1834—1903），美国画家，曾经参与印象主义（Impres-sionism）运动、表现主义运动和新艺术运动，以夜景和母亲肖像《画家的母亲》最为著名，这幅画被公认是他的代表作，而且是卢浮宫所搜集的名画中第一幅被网罗入宫的美国画家作品。

浮或消逝或进化,那就可能陷入无秩序的状态;但如果我要发动暴乱,那就一定是为了一些可敬的事情。这也正是某些提倡进步和道德进化论的学派最大的弱点。他们指出人类道德一直在慢慢地改进,每一年或每一分钟都存在着难以察觉的伦理改变。可以说,这套理论最大的缺点,是认为迈向公义的进程是缓慢的,因而容不下一种急速的活动,不容许人跃起宣布某些事物的状态在本质上是无法容忍的。我们不妨以一个具体的例子加以说明。有些像索尔特(Salt)先生一样的理想主义素食论者指出,现在人类到了不吃肉的时代了;他们的含义是曾经有一段时期吃肉是正确的,他们还(用可引述的文字)提出,或许有一天喝牛奶吃鸡蛋都是不正确的。

我不拟在此讨论动物的公义问题,我只想说在特定的条件下,不管是什么样的公义都应该是及时的公义。假如一头动物受到虐待,我们应该立刻赶往拯救。但如果事情超越了所处的时代,那又如何立刻赶上呢?我们如何能赶上一班或要待下几个世纪才到达的火车?我如何能因为剥猫皮而谴责一个人,如果他刻下所做的只像我在未来喝杯牛奶般不被接受?

一个辉煌而精神失常的俄罗斯派系到处把牛从牛车中解放出来。我如何能鼓起勇气,把我的马儿从二轮双座马车中解放出来?因为我不知道是我的进化时钟走快了一点点,还是车夫的时钟走慢了一点点。假如我对一个专门剥削工人的吸血鬼说:"奴隶制只适合某一个进化阶段。"而他答道:"对呀,剥削正好适合这一个进化阶段。"要是没有永恒不变的测试标准,我又如何能作出反应呢?如果说吸血鬼落后于流行的道德观,为何不能说是慈善家走在前头了呢?流行的道德到底是什么?也许我们只能取其字面的意义,视流行的道德为一种流窜的道德。

因此,可以说,一个恒久不变的理想对革新者和保守者同样是必须的;我们必须区分究竟希望国王的命令立刻处理,还是只希望国王被立刻处决。断头台虽然罪孽深重,但公道地说,它跟进化压根儿扣不上什么联系。那个深受欢迎的进化论观点应该在行刑斧中找到最好的答案。进化论者说:"你如何能划下界线?"改革论者回答:"就在这里:恰恰在你的头和身体中间。"任何特定的时刻都必须有一个纯粹的对错标准,才能作出狠狠的一击。要有迅速的决定,就必先要有恒久不变的准则。因此,就人类各种可理解的目的而言,无论要改变事物或保存事物,无论是像中国一样,务使一个制度历久不衰;或是像早期法国大革命一样,务使一个制度日新月异,我们的愿景都必须是一个固定的愿景。这是第一个必要的条件。

当我写下这些的时候,我再一次感到有一些其他的东西存在于我们的讨论当中,就像一个人在喧闹的街道上听到教堂的钟声。似乎有声音说:"至少我的理想是固定不变的,因为它早在世界创立之先已固定下来。我那完美的愿景一定不能改变,因为它的名字叫伊甸园。你可以改变你打算去的地方,但不能改变你来自何方。对正统信仰来说,世界总有改革的理由,因为在人类心目中,上帝正被撒但踩在脚下。在那个高高的寰宇之上,地狱曾一度反抗天堂,但在这个世界,则是天堂不断地与地狱对抗。因此,对正统信仰来说,世界可以不断出现革命,因为一次革命就是一次复原。在任何一刻,你都可以为完美的缘故作出狠狠的一击,以恢复自亚当以来谁也没见过的完美。不变的习俗、缓慢的进化,根本不能使原来美好的一切变得美好。一个人可以妻妾成群,有如牛可以长出尖角,但假如这是有罪的,妻妾始终不属于他。自从鱼在水中以来,人或许已经遭受压迫,但假如压迫是罪,人类就不应如此。也许,锁链之于奴隶,就像油彩之于小丑、羽毛之于鸟儿、地洞之于狐狸一样看似自然而然,但假如这一切是有罪的,一切就绝不自然。我高举史前的传说来向你们历史的一切挑战,你们的愿景不只是固定不变的物体;它是事实。"

这种簇新的巧合叫我稍停下来,然后我又继续前行。我进而讨论追求进步的理想第二个必要条件。有些人（如前文所说）似乎相信万事万物的进步是自动和没有位格的。显然，单单指出进步是自然和无可避免的，并不能推动任何政治活动；因为这不是积极行动的理由；相反地，这只是懒惰的托词。如果注定要改进，大家就毋须为改进挂虑。这种纯进步的学说提供了大家不做进步革新分子的最佳理由。不过，我最希望大家注意的并不是这些显而易见的评论。最引人注目的一点是：如果我们假定改进是自然而然的，那么，其过程必须十分简单。世界可以被视为逐渐步向一个终局，但那绝不可能是多种特质经特殊安排的结果。再举前文那个明喻：大自然本身或许会变得愈来愈蓝，即是说一个简单的进程或者可以是一个不具位格的过程；但大自然绝不能从多种精选的颜色中绘出一幅细致的图画，除非大自然是具有位格的。假如世界的尽头纯粹是漆黑或光明一片，这样的终局或会像黄昏或黎明一样缓慢而无可避免地来临；但世界的尽头若然是一件精巧而富艺术感的杰作，背后必定有人为或神性的设计。假如世界纯粹随时间前进，终局或会像一幅旧图画般灰黑，又或像一件旧衣服般惨白；但终局若然是一幅特殊的黑白画杰作，背后必定有艺术家的心思。

　　如果上述区分不够清楚，我可以举一个普通的例子。我们经常听到一些现代的人道主义者（humanitarians）提及一种特别的宇宙观；所谓人道主义者，我只取其普通的意义，意谓那些抱持博爱的人道立场，维护世上一切生物权益的人。他们指出人类会随年月增长变得愈来愈人道，即是说，不同的组别、阶层、奴隶、孩童、妇女、牛群，诸如此类的事物，已一个接一个地渐渐受到仁慈和公义的对待。据他们所说，我们曾经认为吃人是正确的（我们哪有？）；我不拟在此讨论他们的历史，他们的历史实在高度与历史不相符。就事实而言，食人的习性肯定是堕落的东西，不是原始的东西。与其说原始的人类基于无知嗜食人肉，不如说现代人为了装腔作势吃掉人肉。

　　我现在尝试概括他们的论点：他们认为人类正不断进步，变得愈来愈仁慈，首先对公民，然后对奴隶，再对动物，继而（按推测）对植物。今天，人认为坐在一个人身上是不对的。不久，人会认为坐在马身上是不对的。最终（假设来说），人会认为坐在椅子上是不对的。这就是从他们的理论推衍出来的结论。由是观之，这套理论可以用进化论或必然的进步观来谈论。一种接触愈来愈少事物的恒常倾向，其实可以是一种纯野性的无意识倾向，就像有一种生物愈来愈不生孩子一样。这个论点完全算得上进化论的观点，因为它愚不可及。

达尔文主义[①]可以用来支持两种疯狂的道德观，但却不能支持一个正常的道德观念。一切生物的亲属关系和相互竞争可以拿来作为理由，使人变得疯狂地多情或疯狂地无情，却不能使人对动物有一种健康的关爱。在进化论的基础上，你可以不人道，又或荒谬地人道，但却不能合乎人性。认为老虎和你并无两样，可以是对老虎温柔的理由，也可以是对老虎残酷的理由。把老虎训练成自己的模样是一种方式，自己去模仿老虎是一种更快捷的方式。在两种情况下，进化论都不能告诉你怎样对待老虎才是最合情合理的，不能指出如何既欣赏虎纹而又避开虎爪。

假如你想合情合理地对待老虎，就必须重返伊甸园；那个阴魂不散似的提示又在出现：只有那超自然的才对大自然抱有正常的观念。一切泛神论、进化论及现代以宇宙为本的宗教都抱有一个命题：大自然是我们的母亲。不幸的是，假如你视大自然为母亲，就会发现她其实是后母。基督教的主要论点是：大自然不是我们的母亲；大自然是我们的姐妹。我们不妨为她的美貌而自豪，因为我们来自同一位父亲；但她却无权控制我们；我们需要的是欣赏她，而不是模仿她。她为基督徒在尘世那份典型的喜乐，抹上了一种轻柔甚至近乎轻浮的色彩。对伊西斯（Isis）和西

[①] 达尔文主义（Darwinism），源自达尔文（1809—1882）所发表的《物种起源》（*Origin of Species*）的学说，一般指的即是进化论。

布莉①的崇拜者来说,大自然是一位严肃的母亲。对华兹华斯②、埃默森来说,大自然是一位严肃的母亲。然而,对圣法兰西斯或乔治·赫伯特来说,大自然绝不严肃。对圣法兰西斯而言,大自然是一个姐妹,甚至是一个较年幼的妹妹:一个蹦蹦跳跳可爱又可笑的小妹妹。

不过,这并不是目前讨论的重点,我提及这点主要是想指出那支钥匙如何貌似意外地经常刚好插进钥匙孔,尽管那是一道最小的门。目前讨论的重点是,假如大自然有一种不具位格的改进趋向,这想必是一种朝向简单胜利的简单趋向。我们或可假想生物学有一种自然的趋向,朝向长出愈来愈长的鼻子。那大家面对的问题是:我们真的想鼻子愈来愈长吗?我想不然;我相信大部分人会对鼻子说:"够了,到此为止,就在这个地方停下来吧!"一副怪趣的脸孔才需要这样的一个长鼻子呢!我们怎么也不能想象制造有趣的脸孔是一种纯生物学上的趋向,因为一张有趣的脸是由眼、耳、口等经巧妙安排而构成,个中有着极其复杂的关系。比例不可能是一种趋势:比例要么是种意外,要么是种设计。

人类道德的理想亦然,它与人道主义者和反人道主义者的关系亦然。我们或可想象人变得愈来愈撒手不管世上的事情:不再策马;不再采花。甚至到最后大家不许争论,免得干扰别人思绪;不许咳嗽,免得扰雀清梦。最终极的境界可能是人动也不动地坐着,生怕晃一晃身子会惊动苍蝇、吃一吃食物会打扰细菌。我们或许可以无意识地走向如斯简陋的一种终局,但如斯简陋的终局是我们所渴想的吗?同样地,我们或可无意识地朝着尼采学说这种相反的发展路向进化——在一座专制君主的高楼上以超人打倒超人,直至宇宙在玩乐之间毁于一旦。但我们是否渴想宇宙在玩乐之间毁于一旦?难道我们连想要什么都不清楚吗?我们

---

① Cybele,女神,代表大地之母,与山陵、荒漠和丰产有关。
② William Wordsworth (1770—1850),英国浪漫主义诗人,与雪莱、拜伦齐名,其代表作有《抒情歌谣集》(*Lyrical Ballads*)、长诗《序曲》(*The Prelude*)、《漫游》(*Excursion*)等。1843年曾当上桂冠诗人,是文艺复兴以来最重要的英语诗人之一。

真正想要的,岂不正是某种程度的克制与尊重和某种程度的活力与控制的巧妙结合与安排?

假如我们的生命确曾如童话故事般优美,就必须记住,童话故事一切的美丽,全赖王子有一种恰到好处的惊奇:惊喜而不致陷入惊慌;惊讶而不致徒感惊惶。面对巨人,如果王子徒感惊慌,他就完蛋了;如果王子不感到惊讶,童话故事就完蛋了。整件事的关键在于他能否一方面心存谦卑、感到惊讶,而另一方面又倨傲不逊、誓死反抗。因此,面对世界这个巨人,我们的态度不应该单是灵敏,或单是轻蔑,而必须是两者恰到好处的融合。对外界的一切,我们必须恰当地感到崇敬,好使我们战战兢兢地踏在青草上。对外界的一切,我们亦必须恰当地感到蔑视,好使我们在适当的时候向着星星吐唾沫。我们如果要感到美满或快乐,这两种事必须结合起来,但不是随便以一种方式,而是要以某一种特别的方式结合起来。人类完满的幸福(如果真的来临)将不会像动物的满足感一样是直接而单纯的东西。那一定是一种精密而又危机四伏的平衡;有如一种豁出性命的浪漫。人对自己必须有刚好足够的信心去踏上冒险之旅,同时又必须有刚好足够的猜疑来享受冒险之乐。这就是追求进步的理想第二个必要条件。第一个条件是理想必须固定不变;第二个条件是理想必须复合而成。如果要满足我们灵魂的需要,理想一定不能是某一种事物取得绝对胜利,吞并了其他一切事物,诸如爱心或骄傲或和平或冒险等;理想必定是一个明确的图像,由各种元素以最佳的比例和关系复合而成。这里我不拟否定就事物的构成而言,复杂细致的结果可能只是人类独有。我只想指出,假如这种复合的幸福是为我们而设,那么它一定是由某种心智设计出来的,因为只有出于才智,才能制定构成复合的幸福的精密比例。假如世界的赐福①只是大自然的运作,

---

① 赐福(beatification),授福之意。在罗马天主教是由教宗宣告的一个官方动作,宣告上帝所赐的祝福。

那么它必定是如凝固世界或燃烧世界般简单。但假如世界的赐福不是大自然的运作而是艺术的杰作，那么背后必定有一位艺术家。这里我的思绪再一次被一个古老的声音打断："我应该在很久之前就把这一切告诉你。如果世上有任何进步，那只可能是我的那种进步，即一种迈向一个完美的城市的进步；在这个美德与管治并驾齐驱的城市中，公义与和平互助互让、相辅相成。一种没有位格的力量或许能引领你走到一片完全平坦的荒野，又或登上一个绝顶巍峨的山峰，但只有一个有位格的上帝才有可能引领你（如果你真的受带领）到达一个街道交错、高楼林立的城市；只有在这美不胜收的城市中，你才能把你个人的颜色恰如其分地献给约瑟那件神奇的彩衣。"①

又再一次，基督教给我提供了一个很想得到而又精妙绝伦的答案。我曾说："理想必须是固定不变的。"基督教会早已答道："我们的理想确实是固定不变的，因为它先于一切事物存在。"然后，我接着说："理想必须像图画般是巧妙而复合的艺术品。"基督教会早已答道："我们的理想确实是一幅图画，因为我们知道画家是谁。"然后，我继续提出第三个条件；无论是建立乌托邦或以追求进步为目标，这都是不可或缺的。这也是三个条件中最难表达的一种，或许用以下的方式来表达：我们都必须保持警觉，即使在乌托邦中也应如此，以免我们像在伊甸园跌倒一样，跌倒在乌托邦。

前文提到，有人提出进步的主张是因为相信万物有一个自然变好的趋势。但提出进步的主张最真正的理由，应该是万物有一个自然变坏的趋势。事物的腐化现象不仅是提出革新的最佳理据，也是反对保守的唯一理据。若不是这一个重大的事实，保守派的思想或许真的势不可挡、无可辩驳。各式各样的保守主义都是建基于一个思想，就是假定只要什么都不做，事物就会原封不动。然而，事实并非如此。假如你什么都不

---

① 圣经《创世记》37—50。

管，那就等于把事物交由变化的洪流处置。假如你任由一条白柱自生自灭，不消多久它就会变成一条黑柱。假如你特别想保留原来的颜色，你必须不断地涂上白色的油漆才行；也就是说，你必须不断地作出改革。简言之，假如你要保有白色的旧柱，就得刷出白色的新柱。这不但对无生命的对象来说是真确的，而且对各种人类的事情尤为千真万确。由于人类的制度以惊人的速度老化，活在制度下的公民必须有一种近乎不自然的警戒心。

时下的虚构小说和新闻报道惯于披露人类在过去的专制政治下受苦的光景。然而，事实上，人类差不多无时无刻不活在新的专制政治下；今天的专制政治管辖着二十年前还属公众自由的领域。可不是吗？英国人方才就伊丽莎白一世①富于爱国精神的君主政治欢呼不已；然后（几乎紧接其后）就因举国陷入查理一世②的暴政而极其愤怒。同样地，法国的君主政治变得不能忍受，不是因为忍受够了，而是因为德政在前；曾受国民爱戴的路易十五③的继位人就是被断头台处决的路易十六④。同样地，在19世纪的英国，激进的制造商⑤完全拥有人民的信任，成为绝对的保民官；后来，我们突然听到社会党成员（Socialist）的呐喊，指称他们吃人如吃面包。同样地，我们差不多在最后一刻之前，还坚信报纸

---

① Elizabeth I（1533—1603），英格兰女王，为亨利八世与其第二任妻子的女儿。在位期间恢复英国的新教信仰、处决苏格兰玛丽女王、打败西班牙无敌舰队。因完全献身给自己的国家而终身未婚，有"处女女王"之称。在她的统治下，英国成为了世界强国之一，死后由詹姆斯一世继位。另参见第二章第16页注释4。
② Charles I（1600—1649），英国和爱尔兰国王，苏格兰詹姆斯一世之子。因独裁统治导致与国会的不和，而爆发了英国内战，被称为"制造混乱的罪魁祸首"。1649年被法庭判处绞首，由克伦威尔宣布共和。另参见第六章第93页注释1。
③ Louis XV（1710—1774）执政的早期受到法国人民的拥戴，但是，他无力改革法国君主制和他在欧洲的绥靖政策，使他大失民心；奥地利王位继承战争及七年战争，几乎将法国所有殖民地都输给英国。随着政治权威下降，国会掌握了实权，阻挠财政改革，成为路易十六继位时的最大难题。然而历史学家也同意，他实际上对统治欧洲最大王国的任务是非常聪明和具有热忱的。
④ Louis XVI（1754—1793），法国大革命前波旁王朝的最后一代君王。性格优柔寡断，即位后多次更换首相和部长，任由内阁内讧，从激进的改革到保守的节俭措施，政策变化无常。1792年巴黎市民包围土伊勒里宫，1793年路易十六被送上断头台。
⑤ 激进派（Radical），政治上要求对部分或全部社会秩序实行激烈变革的人。激进派指的是政治极端主义，不必一定使用暴力，既可用于左派，也可用于右派。

是舆论的喉舌；最近，我们有些人（不是渐渐地，而是赫然地）发现报章显然不是我们想的那一回事。就事情的本质而言，报纸只是几个富人的消遣玩意儿"。我们毋须反抗古时的风俗习惯；我们必须反抗标新立异的事物。正是新的领导人、资本家或编辑阻碍了世界的前进。我们不用担心现代的君主企图推翻宪法，他极有可能会漠视宪法而暗自行事；他不会借君主身份取得利益，他极可能借君主的无权无能得到好处，借自己免受批评或公众注意的事实而得到好处，因为国王是我们的时代最不公开的人。谁都不用打倒任何对报章杂志的审查建议。我们毋须审查报章杂志，报章杂志已自行作出审查。

一套追求进步的完整理论必须面对第三个事实，就是受欢迎的制度会以惊人的速度沦为压迫人的制度。因此，我们必须常常戒备，慎防每个特权受到滥用，每个行之有效的好事变成坏事。就这一点，我完全站在革命者（revolutionists）的一方。改革派经常质疑人类的制度，我认为这是正确的；改革派不信任王子或任何人类的后嗣，我认为这也是正确的。那个被选作人民之友的领袖最终变成人民公敌；那份起初痛陈真相的报章，如今却蓄意隐瞒真相。就在这里，我感到我终于真真正正地站在革命者的一方。这时候，我又屏住了呼吸：因为我想起我又再一次站在正统信仰的阵营中。

再一次，基督教的声音又响起了："我一向坚称人类天生是倒退者；而人类的德行本质上有发锈或腐烂的倾向；我常常指出人类本性如此，幸福的人、骄傲富足的人尤其容易走错路线。这种永恒的革命，这种持续多个世纪的疑心，你（作为含混的现代人）称之为进步的学说。假如你是哲学家，就会像我一样称之为原罪的教义。你或可随自己的喜好称之为宇宙的前进，我只会按其本质称之为'人的堕落'。"

之前，我曾说过正统信仰的思想仿似一把利剑，此刻我得说正统信仰犹如一柄战斧。原因是（当我细加思想）如今只剩下基督教有真正的权利质问那些受过良好教育或知书识礼的一群。我经常听到社会党成员甚至民主人士指出，物质条件势必使穷人在精神和道德上变得腐败。我又听到科学家（仍有一些不反对民主的科学家）指出，假如我们给穷人较健康的生活条件，邪恶或堕落的行为就不复存在。我留心听着这些令我不寒而栗的言论，这些令我又着迷又局促不安的观点：仿佛看着一个精力充沛的人正在猛力锯掉自己所坐着的树枝一样。假如这些幸福的民主人士能够证明自己的观点是正确的，就等于活活地叫民主不得好死。假如穷人的道德是如此败坏不堪，助他们脱贫不一定管用，但剥夺他们的公民权利肯定是相当务实的做法。假如睡房简陋的人不能作出良好的投票决定，那么第一个而又最快捷的推论，就是不给予他投票的权利。统治阶层这样说也不无道理：“改革他的睡房得花上好些时间，但如果他诚如你所说的如畜生般，他要摧毁整个国家可就易如反掌。因此，我们慎重考虑你暗示的事情，干脆不给他机会就是了。”

看见最诚恳的社会党成员如何勤奋地为特权阶级铺路，如何温和地阐述穷人如何显然不适合参与管治，我感到极其荒谬可笑。这就好像在晚宴上听到有人为自己没穿晚礼服道歉，然后解释那是因为他近来染上酒瘾，养成在街上脱掉衣服的癖好；再说，他才刚刚换掉身上的囚衣呢！在这种情况下，我们感到宴会主人随时会说：既然这么糟糕，干脆不要来吧。这正是一般社会党成员所做的事：他们满脸笑容地向大家证明，穷人经历了极其恶劣的一切之后是不能够真正信任的。于是，有钱的人随时会说："好吧，那我们不信任他们就是了。"然后就砰地关上大门。

在布拉奇福德先生的遗传论和环境论的基础上，特权阶级统治的理由变得异常有力。假如洁净的家居、洁净的空气能培育洁净的灵魂，我们何不（无论如何，就在目前坐言起行）把权力交给那些肯定享有清新空气的人？假如较好的生活条件能令穷人更适合管治自己，那么拥有较好生活条件的富人岂非更适合管治他们？这个普通的环境论观点是最明晰不过：富裕的阶级绝对是乌托邦的先驱。

那么，是否拥有最佳机会的人就是最优秀的领袖？吸入洁净空气者是否应该替吸入污浊空气者作决定？这两个问题究竟有没有答案呢？就我所知，只有一个答案，而答案只有基督教才能给予。只有教会能够提出理性的理由，反对大家对富人寄以绝对的信心，因为基督教自始至终都坚称危险不在人类的环境，而在人本身。此外，论到危险的环境；教会坚称最宽敞舒适的环境乃最危险的环境。我知道最现代的制造业正筹谋怎样生产异常巨大的针。我又知道最新近的生物学家正汲汲于发现极其小型的骆驼。假如我们把骆驼缩到最小，又或把针孔扩至最大——简言之，假如我们假定耶稣基督说的那番话的确字如其义，那么，那番话至少告诉我们：富人在道德上大概不怎么可靠。

即使是掺水冲淡了的基督教，也滚烫得足以把整个现代社会煮成碎片。即使是教会最微弱的力量，也足以对世界发出致命的最后通牒。原因是整个现代社会完全基于一个假设，这个假设不是认为富人是必须存在的（这尚可站得住脚），而是认为富人是可靠的，而这（对基督徒来说）则难以站得住脚。在各种有关报社、公司、特权阶级或政党政治的讨论中，你持续不断地听到一个论调：富人是收买不到的。实情当然是，富人是可收买的，而且已被收买；这就是他们能成为富人的原因。基督教之所以反对高举富人，完全在于基督教相信，一个倚赖今生奢华的人是一个堕落的人，是一个在心灵、政治、经济上皆堕落的人。

耶稣基督和基督教众圣徒同以一种狂怒、乏味的语调指出了一样事情。他们指出富裕叫人陷于一种特殊的道德危机。以破坏可界定的公义为由杀死富人，算不上违反基督教信仰；为富人加冕使他们顺理成章地成为社会的领导人，算不上违反基督教信仰；反抗富人或顺从富人，肯定也算不上违反基督教信仰。然而，信靠富有的人、认为富人较穷人在道德上叫人更放心，就绝对违反了基督教信仰。基督徒可以这样说："虽然这个人收受贿赂，但我尊重他的身份地位。"此话并无矛盾。基督徒却不能说一些现代人在午膳或早餐爱说的话："像他这种身份地位的人是不会收受贿赂的。"这是因为基督教中的一个信念是：任何身份地位的人都有可能收受贿赂。这是基督教教义的一部分，显然也是人类历史的一部分。当有人说："这种身份地位"的人不会受贿堕落，我们压根儿不需把基督教带进讨论中。培根①难道以擦皮鞋为生吗？马尔博罗公爵②难道是人行道上的清洁工吗？在最美的乌托邦，每一个时刻每一种身份地位的人都有可能在道德上堕落，我必须做好准备；尤其要为我自己或会在这一时刻从这一身份地位堕落做好准备。

不少含糊而感性的新闻报道大量发送一个信息，指基督教和民主十分相近，而其中大部分的报道都不能明确清晰地反驳一个事实：两者经常争吵。基督教与民主显得一致的真正理由其实远较这些报道深层。卡莱尔的思想可谓显著又奇特地不符合基督教信仰。他相信那些自以为能够胜任的就应该当统治者。这种思想无论怎么说都不可能符合基督教精神。我们的信仰如若对政府作出任何评论，论点一定是：那些自知不能胜任的人才应该当统治者。卡莱尔的英雄会说："我将是一国之君。"基督教的圣徒一定会说：*Nolo episcopari*。③假如基督教伟大的吊诡有所指涉，那么一定是这个意思：我们必须把皇冠捧在手上，然后走遍尘世上干涸幽暗的角落，寻找那个自知不适合戴上皇冠的人。卡莱尔的想法并不正确，皇冠不应加冕给自以为能统治的奇才，而应加冕给自知不能统治的超级奇才。

民主要切实可行，这是两三个极其重要的辩解之一。单单推行投票制度不等同于民主，虽然目前要找到一个更简单而有效的民主方法殊不

---

① Francis Bacon（1561—1626），英国政治家和哲学家，古代经验论的始祖，也是现代科学方法之父。他对科学的繁复分类启发了18世纪法兰西百科全书学者，而他的经验主义则启发了19世纪英国的科学哲学家。著有《新工具论》（*Novum Organum*）、《学术的进展》（*The Advancement of Learning*）等。
② The first Duke of Marlborough（1650—1722），1704年打败法国和巴伐利亚军队，受封为马尔博罗第一任公爵，并建造布莱尼姆宫（Blenheim Palace）作为公爵府。知名的后代子孙、英国首相丘吉尔即在此官邸出生。
③ *Nolo episcopari*（拉丁文），就职的天主教主教按照惯例，必须当众谦逊三回，口说"Nolo episcopari"，意即"我不配接受当主教的任命"。

容易。不过，话说回来，投票制度在实际意义上其实充满基督教色彩，因为这反映了一种要争取谦卑一族的意见的努力。这是一种神秘的冒险活动：特别信靠那些不相信自己的人。这种令人费解之事是基督教世界独有的。佛教的自我克制不见得是真正的谦卑；温和的印度教徒是温和而不是谦和。不采纳身份显赫者的意见而含易取难地寻求出身微寒者的意见，可谓基督教独有的心理特质。如果说投票尤富基督教色彩，似乎有点古怪。如果说拉选票富有基督教色彩，似乎有点疯狂。不过，拉选票的原始想法的确带有浓厚的基督教色彩。这是一种鼓励谦卑者的做法；就等于对谦逊的人说："朋友，往上走吧。"不过，拉选票或许也有少许瑕疵，就是在这种完美又全面的敬虔行为中，大家或许忽略了要鼓励拉票者注重谦逊。

特权阶级统治不是一种制度；特权阶级统治是一种罪；一般来说是一种相当轻微的罪。这只是人类一种飘浮和滑动的表现：倾向对有权能者流露一种自然的炫耀和赞美，而这是世界上最容易和常见的事情。

对于现代那股难以捉摸的、堕落的"势力"，人世间千百种响应的其中一种是：最迅速、最勇敢的力量同时是最纤巧或最敏感的。最快捷的东西是最柔软的东西。鸟儿是活跃的，因为鸟是柔软的。石头是无力的，因为石是坚硬的。石头本质必然是往下跌的，因为坚硬即是脆弱。鸟儿的本质能够往上飞，因为纤巧就是威力。完全的威力含有一种轻巧的特质，才能叫自己在空气中浮游。现代从事超自然历史研究的人已经认真地承认伟大的圣人有一个特色，就是他们拥有一种"升空"的力量。研究者其实可以走远一点：伟大的圣人其中一个特色是他们拥有一种"飘浮"的力量。天使能够飞翔是因为天使把自己看得很轻。这也是基督教世界特别是基督教的艺术常有的直觉本能。可记得安吉利科①如

---

① Fra Angelico（约1387—1455），意大利画家，以及活跃于佛罗伦萨的道明会修士，是15世纪最伟大的湿壁画画家之一。

何描绘他的众天使吗？他以鸟儿（几乎以蝴蝶）来描绘天使。可记得最诚挚的中世纪艺术作品是如何表现充满光线及晃动的衣物的？又是如何描绘充满急速而跳跃的步伐的？有一件事情是，真正的拉斐尔前派画家的作品是现代的拉斐尔前派画家（Pre-Raphaelites）①无法模仿的；伯恩－琼斯②永不能重现中世纪那种深邃的飘浮。在古老的基督教画作中，每个人像的上空俨如一个蓝色或金色的降落伞；每个人仿佛都会随时飞起并浮游于天空中。乞丐身披的破斗篷像天使发光的羽毛般把他承托着。穿着重金色衣裳的国王们及那些穿着紫袍、妄自尊大的人将随其本质往下沉落，因为骄傲不能轻盈地往上飘动或浮游。骄傲只会把一切事物往下拖曳，使之成为一种容易达至的严肃。人容易在自私的认真中"安顿"下来；人必须有所提升才能达至忘我的喜乐。人在沉思时是向下"坠落"的；人在幻想时是往上飘浮的。严肃并不是美德。认为严肃是邪恶的说法乃异端邪说的一种，不过这是一种非常合情合理的异端邪说。人的确很自然就陷入一种把自己看得很重的状态，因为这是最容易不过的事情。在《泰晤士报》（Times）写一篇好的社论远较在《笨拙周报》（Punch）写一个好的笑话容易，因为严肃是人类自然流露的东西，笑声却是一种飞跃。要沉重一点不难，要轻柔才分外困难呢。撒但岂不是随万有引力坠下吗？

　　欧洲自从信奉基督教后，有一项特殊的光荣，就是在特权阶级统治的背后，欧洲的内心深处把特权阶级统治视作一种缺点——一种在一般情况下必须容纳的缺点。如欲充分欣赏这一论点，大家不妨走出基督教圈子，进入一些抱有其他哲学的社会环境观摩一下。例如，大家不妨把欧洲的阶级制度和印度的种姓制度加以比较。印度的世袭阶级远较欧洲

---

① 拉斐尔前派画家（Pre-Raphaelites），是1848年形成的一个艺术团体（也是艺术改革运动），他们主张回归到15世纪意大利文艺复兴初期，画出大量细节、并运用强烈色彩的作画风格。
② Sir Edward Coley Burne-Jones（1833—1898），是最热情的拉斐尔前派作品的支持者与实践者，其绘画模仿中世纪浪漫主义作品，明显地体现拉斐尔前派作品的后期风格，其独特的梦的境界，充满浪漫主义的神秘色彩。

的特权阶级骇人，因为前者远较后者以智力作基础。印度社会认真地相信阶级的等级是精神价值的指针，认为一个面包师傅在无形和神圣的意义上较一个肉贩优胜。基督教即使最无知或扭曲的分支，也从不认为一个准男爵在这种"神圣意义"上较一个肉贩优胜。基督教就算如何无知或无节制，亦断不会认为一个公爵是不能咒骂的。无宗教信仰的社会或许（非我所知）会对自由的人与奴隶作出这种严格的区分，但在基督教的社会我们常常拿出身高贵的人来开玩笑，而我得承认在一些伟大的十字军或会议场合中，身娇肉贵的人绝对是凭自己赢取恶作剧大王的称号。在欧洲的我们是从不会在灵魂深处认真地看待特权阶级的。间或也许有一个非欧洲籍的外来人会抽出些许时间认真地看待特权阶级（例如唯一具智慧的尼采学说支持者奥斯卡·利维①博士）。这也许纯粹是一种爱国的偏见，但我不认为是这样。对我来说，英国的特权阶级不独是一个典型，而且是一切真正特权阶级的佼佼者；它具备寡头政治的一切优点与缺点：漫不经心、谦和，在大是大非的事情上表现果敢。此外，与这一切重叠着的还有一个伟大而极其明显的优点，就是从没有人会认真地看待英国的特权阶级。

简言之，我如常地慢慢说明了乌托邦必须有平等的法律；而我又如常地发现基督教早在我之前已屹立于此。我的乌托邦历史总是渗透着一种有趣的伤感。每当我带着新塔楼的图样从个人的建筑研究中走出来时，总是发现那座塔楼已伫立在阳光之下，熠熠生辉，并已有千多年的历史。对我来说，在古代的和现代某部分的意义上，神已应允了我的祷告："主啊，求你在我们一切行为上拦阻我们。"不是自夸，我真的认为，在某一刻我的脑袋创造了婚姻（作为一种制度）的山盟海誓，然后感叹地发现这早已创造出来。要指出新耶路撒冷如何独一无二地在一件

---

① Dr. Oscar Levy，英国学者及作家。他是最早将尼采思想引介至英国的人，也是第一位将尼采作品（1908—1914年）进行完整编纂的编者。

又一件事实上、一点一滴地与我的乌托邦的观念不谋而合，需要冗长的篇幅，我只以婚姻为例，说明两者汇流之处，那也可以说是跟其他一切猛撞之处。

当社会主义一般的反对者谈到人性不可能改变时，往往遗漏了一个重要的区别。就现代人的社会理想而言，有些欲望是不可能满足的，有些则是不值得想望的。每个人应该住在同样美丽的大屋是一个或可或不可实现的梦想，但每个人应该住在同一所美丽的大屋就称不上什么梦想；这简直是个噩梦。一个人应该爱护所有老妇是一个或许不能达成的理想，但一个人应该视所有老妇如自己母亲般不仅不是一个不能达成的理想，而且是一个不应该追求的理想。

我不知道所举的例子读者是否深有同感，我打算举出一个向来对我影响至深的例子。我从不能想象或容忍一种不容许自我约束的乌托邦，因为自我约束正是我尤为关注的一种自由。完全的无政府状态不但使任何戒律或忠诚荡然无存，同时也使乐趣荡然无存。就举一个明显的例子来说，赌博如果没有约束力，赌博就没有价值可言。终止所有契约不仅摧毁道德，而且也扫走兴致。今天的赌博和类似的兴致，可说是人类追求冒险和浪漫的本能的扭曲版本（前文已有不少篇幅提及冒险和浪漫的论点）。冒险活动中的危险、奖赏、惩罚、承诺都必须真实，否则冒险只不过是迅速变动、毫无精彩的梦魇。假如我要下赌注，就一定要付出赌本，否则赌博毫无诗意。假如我要向人挑战，就一定要披甲上阵，否则挑战毫无诗意。假如我曾发誓要忠心，不忠时一定要受到诅咒，不然发誓就没有丁点儿乐趣。一个人被鲸鱼吞吃后发现自己身处埃菲尔铁塔之顶，又或变成一只青蛙后行为仿似红鹳；你甚至不能把这个经历写成童话故事。即使是最疯狂的浪漫故事，若要使人着迷，事情的结果一定要真实，一定不可撤回。基督教的婚姻就是一个显著的例子，揭示什么是真实和不可撤回的结果；这正好解释了为什么婚姻是我们一切浪漫作品的主题和中心。这也是本章所举最后的一个例子，说明我对社会乐园的要求，而这个要求极其重要：我必须恪守协议；我必须认真对待誓言和盟约；我必须请求乌托邦让我为自己的荣誉向自己报复。

现代所有跟我一起追求乌托邦的朋友不禁面面相觑，满脸疑惑，因为他们最终的希望，就是解除一切特别的束缚。同样地，我仿佛听见天外的天传来一个回音似的答案："你抵达我的乌托邦时将有真正的束缚，你亦因此有真正的探险；不过，最大的束缚和最艰辛的探险，就是要抵达乌托邦。"

第八章　正统信仰的浪漫

在我们的年代，大家惯于埋怨生活太喧嚣、太费劲。其实极度的懒惰和疲倦，才是我们的年代主要的特征；而一切喧嚣皆从懒惰而来。就举一个颇为外在的例子，我们喧嚷的街道上挤满了出租车和汽车；导致这种情况不是因为人类活动频繁，而是因为人类停歇不动。要是有多些活动，要是人乐于走路，街道就不会这么喧闹。要是我们刻苦一点，世界就会较为清幽。

肉体上的喧扰如是，智力上的喧扰亦如是。现代语言的大部分构造（machinery）都是为了节省脑力；节省的幅度远较实际需要的多。科学化的句子就像科学的机轮和活塞般，使耽于舒适者的思路更便捷无阻。多音节的长词有如长长的列车般轰隆轰隆地擦身而过，我们晓得它载着成千上万个太疲倦或太懒于自行走路和思想的人。

我们不妨破例以单音节词去表达不同的意见，间或这样做不失为一个好的练习。如果以英语说："The social utility of the indeterminate sentence is recognized by all criminologists as a part of our sociological evolution towards a more humane and scientific view of punishment,"你可以滔滔不绝而毋须稍稍移动颅骨里的灰白质。但如果以英语说："I wish Jones to go to gaol and Brown to say when Jones shall come out,"你会惊惶地发现，这句全由单音节词构成的句子使你不得不加以思考。长词不是艰涩的词，短词才叫人难于消化。英语"damn"这个单音节词远较"degeneration"这个五音节词深奥微妙。

这些舒适的长词虽然使现代人不用因于推理的苦活中，但在一个特殊的层面上尤具破坏作用，叫人无所适从。当同一个长词在不同场合指涉非常不同的事物时，问题就出现了。就从"idealist"这个著名的例子说起，这个词既是哲学术语（唯心论者），又是道德范畴的措词（理想主义者）。同样地，科学的唯物论者有恰当的理由抱怨一般人把"materialist"混淆了，把这个宇宙论术语（唯物论者）跟道德范畴的嘲笑话（物质主义者）混为一谈。再举一个唾手可得的例子，一个在伦敦痛恨"progressives"（进步分子）的人经常在南非自称"progressive"（革新主义者）。

这种语义混乱的情况同样在"liberal"一词产生，无论作为宗教用语或作为政治和社会用语，这个字都极其含混。我们常常认为，所有自由党成员（Liberals）应该是自由思想家（freethinkers），因为他们应该热爱一切自由的事物。如此类推，你也许会认为，所有唯心论者（idealist）应该是高教会派信徒（High Churchman），因为他们应该喜爱一切崇高的事物。如此类推，你或会认为低教会派信徒（Low Churchman）应该喜爱小弥撒（Low Mass），又或广教派会信徒（Broad Churchman）应该喜爱下流笑话（broad jokes）。然则，这些关联全无意义，一切纯属意外。在现代真正的欧洲社会，自由思想家并不是指真正自行思考的人；自由思想家自行思考后得出一组特别的结论，这包括现象源于物质、神迹不可能发生、个人的不朽并不存在等等，而这些思想不见得特别自由。不仅如此，这些思想几乎全都毫无自由可言，这也是本章旨在说明的一点。

在以下的篇幅，我打算以最急速的步伐指出，那些试图使神学自由化的人极强烈坚持每一项的事情，在社会实践上只能带来绝对的"不自由"。几乎每个要把自由带给当今教会的建议，充其量只能把暴政带进世界，因为解放教会如今的意思不是指在各方面使教会得到自由。解放教会的意思专指解放那一组大家粗略称为"科学化"的教义：一元论（monism）、泛神论、阿里乌主义、必然性的哲学论点。每一个这样的教义（以下将逐一说明）可说是压制思想的天然同盟。说也奇怪，世上大部分事情其实是压迫的同盟，这种情况的确值得注意（细加思考其实不是什么异乎寻常的事）。只有一样事情不会在结盟的关系上逾越某一点，那就是正统信仰。我确实可以把正统信仰扭曲，使它能片面地支持暴政的论调，但我不费吹灰之力就可用一个德国哲学使暴政完全合理化。

现在，让我们按次序谈论一些标志着新派神学或现代派教会的新思维。上一章结论部分已提到其中一种。那个被称为最古老的教义竟然为世上新兴的民主思想提供唯一的保卫。那个看似最不受欢迎的教义竟然是人民唯一的力量。简言之，我们发现唯有确立原罪的观念，才能最符合逻辑地驳斥寡头政治。在其他一切事情上，我认为亦当如是。

先谈神迹这个至为明显的例子。基于某个莫名其妙的原因，常人有一种牢固的观念，认为不信神迹较相信神迹自由。我真不能想象原因何在，也没有人能告诉我原因何在。同样地，基于某种不可思议的原因，"开通"或"自由"的神职人员通常指那些最低限度想减少神迹数目的人；那些想增加神迹数目的人从来不在此列。此外，这个说法通常指那些自由地不相信基督从坟墓里走出来的人，那些自由地相信自己的姑母从坟墓里走出来的人从来不在此列。如果堂区的牧师不能承认圣彼得在水上行走，往往招惹麻烦；但如果堂区牧师说他的父亲在海德公园的九曲湖（Serpentine）①上行走，却甚少招致麻烦。

这不是因为经验叫我们不能相信神迹（正如敏捷的现世主义辩论家实时反驳），也不是因为"神迹从没发生"这种阿诺德凭简单的信心吟诵的信条。我们的年代据称较八十年前发生了更多超自然的奇事。今天的科学家远较以前的相信神迹：心灵世界最使人困惑甚至骇人听闻的奇事，在现代的心理学时有揭露。一些以前的科学无论如何不加掩饰地否定是神迹的事物，新近的科学却久不久就加以确认。唯一仍守旧地拒绝承认神迹的正是"新神学"（New Theology）。

---

① 伦敦海德公园内一条水道尽处的蛇形湖。

事实上，这种强调"自由"并以此否定神迹的观念，跟支持或反对神迹的证据丝毫没有关系。这只是一个无生命的言辞偏见；原本的生命及其起源因而不存在于思想的自由，而只简单地存在于唯物论的信条。19 世纪的人不会不相信耶稣复活，因为基督教赋予了他们提出疑问的自由。他们不相信耶稣复活，是因为他们那套严格的唯物论并不容许他们相信。丁尼生这位典型的 19 世纪人物说了一句同代人从直觉而来、不言而喻的道理：信仰存在于他们最真诚的怀疑中。事实正是如此。这句话蕴含了一种深奥甚至叫人惊骇的真理。他们怀疑神迹的当儿，其实正信奉着一种固定不变的、无神存在的命运，深切而认真地认为宇宙的常规是不能矫正的。可见，不可知论者的疑惑只不过是一元论者的信条。

有关超自然的事实和证据，我们稍后再谈。在这里，我特别关注一个明确的观点：在有关神迹的讨论中，自由这种开明的思想其实可以站在支持或反对神迹的一方，而我认为它显然站在支持的一方。改革或进步（取其尚可容忍的意义）的意思，简单来说，是以心灵慢慢掌管事物。神迹的意思，简单来说，是以心灵迅速掌管事物。你如果想为一些人提供食物，或可认为在旷野上神迹似的喂饱他们是不可能的事，但你不能认为这是不自由的。你如果很希望贫穷的小童可到海边去，只能认为乘着飞龙前往是不大可能的事，但你不能认为这是不自由的。休息日就像自由主义一样，意思就是人类的自由，而神迹的意思则是神的自由，就这么简单。你可以认真地否定两者，却不能称你的否定为一种自由思想的胜利。

大公教会（Catholic Church）相信人和神皆有一种灵性的自由。加尔文主义把人的自由拿走，交到神的手上。科学唯物论使创世者动弹不得；神就像启示录的魔鬼般被捆绑起来。天地间再没有什么东西是自由的了。参与推动这个过程的叫做"自由主义神学家"（liberal theologians）。

这就是最轻微而又最明显的例子。假如认为怀疑神迹就近似开明或改革，这个假设正是完全与事实相反。一个人若不能相信神迹，事情就这样完结了；他的思想不是特别开明，但他绝对是诚实可敬、讲求逻辑；后者是远较开明美好的事情呢。然而，一个人若能相信神迹，他的思想必然较为开明，因为神迹首先意味着灵魂的自由，其次又意味着对专制环境的驾驭。

有时候，即使最有才能的人，也罕有天真地忽略了这个道理。例如，萧伯纳先生就对神迹的观念抱有一种诚挚但不合时宜的鄙视；对他来说，神迹仿佛侵害了人类对大自然的信心。奇怪的是，他似乎并不察觉神迹只是他最喜爱的大树——全能意志学说——最终开出的花朵。同样地，他把人类追求不死的欲望称为低劣的自私，却忘记了他刚刚把人类追求生命的欲望称为健康而英勇的自私。试问我们怎能一方面认为渴想生命无限是高贵的，而另一方面又认为渴想长生不死是卑劣的呢？假如我们认为战胜残酷不仁的大自然或习俗是值得想望的，那么神迹必然是值得想望的；在稍后的篇幅我们再讨论神迹能否发生的问题。

现在我必须进而谈论其他一些较重大的事例，驳斥这个认为宗教自由化促进世界自由化的谬论。第二个例子可见于泛神论的思想；泛神论的另一说法，就是现代人一般称为内在论①的看法，通常泛指佛教。由于这是一个远较神迹复杂的问题，我必须以较充足的准备加以探讨。

一般来说，上了年纪的人以充满自信的口吻向拥挤的听众述说的事物，往往与事实颇不相符；老生常谈的事物其实并不真确。以下就是一个例子。在伦理组织或宗教聚会中，不断有人重复说着以下一句表面上思想开明的话："世界上各种宗教的礼仪和形式不尽相同，但教导的东西基本一样。"这是错误的；这与事实刚好相反。世界上各种宗教的礼仪和形式分别不大，但教导的东西截然不同。情况有如一个人对别人说：

---

① Immanentism，它以为只有人的经验（感觉等）是求取真理的最后泉源。凡超出人们经验的种种，一律不在理智研讨之列。

"不要被《教会时代》①和《自由思想家》②迥异的外表误导：虽然前者是在牛皮纸上绘画，后者是在大理石上雕刻；虽然前者是三角形，后者是百角形；但只要仔细一读，你就知道两者说的东西相差无几。"事实是，两者在各方面都十分相似，唯一不同的，是两者说的东西并不相同。一个在瑟比顿（Surbiton）③相信无神论的股票经纪，跟一个在温布尔登信奉斯维登堡学说（Swedenborgian）④的股票经纪外表看来并无分别。就算以最个人和最唐突的方式绕着他们的身子打量，你也不能在帽子中看见斯维登堡学说的影子，又或在雨伞中发现无神论的痕迹。他们的分歧恰恰在灵魂的层面。

因此，世界上各种教条的争论并不如这句随手拈来的格言所宣称的：殊途同归。事实恰恰相反：同途殊归；方法相同，但教义迥异。世上差不多所有伟大的宗教都采用同样的外在方法，这包括神职人员、圣典、祭坛、手足情谊、特别节期。无宗教信仰的乐观主义者和东方的悲观主义者各有庙宇，就如自由党和托利党的成员各具党报一样。互相攻讦的信仰各有圣典，就如互相攻伐的军队各持步枪一样。宣称人类一切宗教都是殊途同归的人，常引述基督教和佛教的精神特质作为支持这种观点最有力的例子。采纳这套理论的人通常避谈大部分其他宗教信仰的伦理，儒家学说则属例外；因为儒家思想不是一种信条，所以蒙其喜爱。他们称赞伊斯兰教时言辞谨慎，把其道德伦理的教义局限于恢复下层阶级的活力，而甚少提及穆罕默德的婚姻观（当中涉及很多问题）。他们对从前印度的暗杀团成员⑤及拜物教徒（fetish worshippers）的态度甚

---

① 《教会时代》(*Church Times*) 是一份英国圣公会独立出版的周报，创办于1863年。
② 《自由思想家》(*Freethinker*) 月刊，1881年由傅特（G. W. Foote）创办，专门强调为无神论者、世俗主义者、自由思想者、理性主义者及人本主义者而办的一份英国月刊。
③ 瑟比顿是一个时髦的近郊住宅区。维多伊曼纽·斯维登堡（Emmanuel Swedenborg）则是一个神秘主义思想家，试图在精神世界寻求超越科学和正常经验的综合观照。——译注
④ 斯维登堡学说（Swedenborgian）为斯维登堡（Emanuel Swedenborg, 1688—1772）所传扬的信念与组织。斯维登堡为瑞典科学家、神学家与神秘主义者，1787年在伦敦成立了新耶路撒冷教会。
⑤ Thugs, 指印度暗杀团的成员。印度旧时因崇拜破坏女神，以杀人抢劫为业的宗教组织成员。

至可称为冷漠。然而，一旦谈及释迦牟尼伟大的宗教，他们便真诚地感到宗教确有相似之处。

研究通俗科学的人，就以布拉奇福德先生为例，常常坚持基督教和佛教极其相似，而佛教尤其像基督教。一般人都相信这种说法，我自己也曾相信，直至我读到一本谈及两者相似原因的书。书中提出了两类原因：第一类是没有意义的相似，因为相似之处是全人类共通的地方；第二类是根本不相似的所谓相似。作者认真地解释两种信仰所具有的极其相似的特色，而那些特色却是所有宗教信仰共通的；要不然，他就描述了一些两者相似之处，而那正是两者显著不同之处。因此，作为第一类的例子，作者指出耶稣和佛祖都听到从天而降的圣音召唤他们，仿佛在说我们应该预期那个神圣的声音是从贮煤的地下室发出的。此外，作者又认真地强调这两位东方老师无独有偶都有洗脚的事迹。你可以顺道指出他们都有脚要洗是一种惊人的巧合。另一类的相似处只不过是一些不似之处。因此，这个两大宗教的融合者诚挚地关注一个事实：在某些宗教节期，出于尊敬，喇嘛的长袍被撕成碎片，而残存的部分具有很高的价值。不过，这个所谓相似之处其实正是相反之处，因为基督的衣服是因为嘲弄才被扯碎的，这绝不是出于尊敬的行为，而残存的部分并无特别的价值，除非在破旧衣布商店售得高价。这有如引用两种用剑的仪式来比喻两样事物明显的关系：一种是用剑轻拍人的肩膀；另一种是用剑把人的头颅割下。对人来说，两者可一点都不相似。

这些卖弄学问的杂碎幼稚愚昧，本来不值一提——假如不是因为作者宣称两种宗教在哲学上的相似处也同属这种类别：要么证明太多；要么不证明什么。佛教称许慈悲或克己的精神特质，不等于佛教特别与基督教相似，只能说佛教跟人类一切存在体验并不是极端异常地互不呼应。佛教徒在理论上反对残暴或纵欲，因为所有正常的人都会在理论上反对残暴或纵欲。如果我们因而指出佛教和基督教在这些事情上提出同一样的哲学观，那就显然并不真确。全人类都不约而同地认为大家活在罪网中，其中大部分人认为我们应有出路。至于出路是什么，我不相信宇宙间有两个制度像佛教和基督教般如斯断然地互相抵触。

我曾经与大部分见多识广的非学者一样，认为佛教和基督教十分相似；尽管如此，有一点我始终感到困惑，我指的是两者在宗教艺术的表达上所呈现惊人的分别。我不是指表现手法的风格，而是指两者要明确展现的理念。哥特大教堂内的基督教圣徒，与中国庙宇内的佛教圣僧，恰好展现着截然相反的理念，两种理念差距之大，可谓世间罕有。两者不兼容的地方无处不在；最简短的说法是佛教圣僧的眼睛深深紧闭，而基督教圣徒的眼睛则大大张开。佛教的圣僧虽然拥有线条优美、协调匀称的身形，但一双沉重的瞳仁却为睡眠密封着。中世纪的圣徒虽然外形枯槁、骨瘦如柴，但一对发亮的眼珠炯炯有神，叫人惊诧。象征符号如斯分歧，其创造力量绝不可能在精神上有任何真正的共通点。就算两种意象同样流于过分虚饰，同样扭曲了纯正的信仰，那么，两者也必然有真正的分歧，才会产生如斯相反的虚饰。佛教徒特别专注于向内察看，基督徒则狂热地往外凝视。紧随这个提示，我们将发现好些有趣的事物。

不久前，贝赞特①夫人在一篇有趣的文章中宣称，世界上只有一个宗教，而一切信仰全都是其版本或歪曲本，而她已有充分准备可以指出其本质。根据贝赞特夫人的说法，这个普世的教会其实只是普世的自我。其教义是我们全都是一个人；人与人之间并没有真正阻隔个体的墙。我或可这样说，她没有叫我们爱邻舍，她只叫我们做自己的邻舍。贝赞特夫人描述宗教见解独到而又富于联想的地方，在于所有人必须合成一体，意见一致。

---

① Annie Besant（1847—1933），她在19世纪80年代奉行费边社会主义（Fabian Socialism，20世纪初英国的一个工人社会主义派别，其传统重在务实的社会建设，倡导建立互助互爱的社会服务），1889年成为神智学（参见第二章第22页注释1）的拥护者，她的作品被认为是神智学的最佳阐释。之后，她成为印度独立运动的领袖，1916年创立印度自治同盟。

我有生之年从未碰到比这个更叫我激烈反对的观点了。我想爱邻舍不是因为邻舍是我,而正因为他不是我。我恋慕世界,不是要像爱照镜子的人一样爱自己的倒影,而是要像男人爱女人般爱一个完全不同的人。灵魂必须分离,爱情才能发生。灵魂若是联合的,爱情显然不可能发生。所谓人爱自己其实是不精确的说法,因为人不可能跟自己坠入爱河,要不然,他必定陷入一个单一乏味的求爱过程中。如果世界充满不同真正的自我,这些自我才有可能成为真正不自私的自我。然而,根据贝赞特夫人的论点,在整个宇宙只是一个自私的超级巨人。

就这一点,佛教站在泛神论和内在论的一方,而基督教则站在人性、自由、爱的一方。要爱,须先有位格;因此,要爱,须分隔开来。上帝叫宇宙分裂成无数的小块,基督教的本能欣然接受,因为那些是充满生命力的碎片。基督教的本能不会叫一个巨人去爱自己,而是告诉我们:"小孩子彼此相爱"。这正是分隔佛教和基督教理智的深渊:对佛教徒或神智学者来说,人性是人类堕落的本相;对基督徒来说,人性是神在整个宇宙计划的目的。神智学者的宇宙意识鼓吹爱人性,好使人能够把自己投进其中;基督教神圣的中心则把人从人性中抛出,好使人能够爱人性。东方的神明有如一个失掉了手或脚的巨人,无时无刻不在寻找自己的肢体;基督教的大能者则像一个异常慷慨的巨人,把身上的右手砍断好使它能主动跟自己握手。我们又回到那个触及基督教本质反复出现的论调:一切现代哲学都是锁链,它带来的是联系和束缚;基督教是一把利剑,把事物分隔和释放。没有另一种哲学令神为宇宙分裂为零散存在的灵魂而真切地感到欢欣。

然而,根据正统的基督教信仰,这种神与人的分离是神圣的,因为这是永恒的。人之所以能爱神,除了必须有一个可以被爱的神之外,还要有一个可以付出爱的人。一切含糊不清,认为宇宙是一个巨大的熔炉的神智学者的心灵,正是那些本能上回避我们福音书惊天动地的教训的心灵;福音书指出,神的儿子来不是叫地上享太平,乃是叫地上动刀兵。单从其明显的意义来说，这句话已响彻着真理；任何宣扬真爱的人必定招致憎恨。对大众的爱和神圣的爱而言，这句话同样真确；虚假的爱以妥协和普通的哲学告终；但真正的爱往往以流血收场。不过，在我们的主这句话背后，却深藏有另一个更骇人的真理。据它自己所说，神的儿子是一柄把兄弟跟兄弟分开的利剑，使他们世世代代彼此憎恨；而父神也是一柄在混沌的太初把兄弟跟兄弟分开的利剑，好使他们最终能彼此相爱。

那些画像里中世纪圣徒的眼睛散发着近乎疯狂的快乐，正是这个意思。那些画像里高贵的佛祖紧闭双目，正是这个意思。基督教的圣人是快乐的，因为他们真真正正地从世界分割开来；由于分开了，所以能够以惊讶的心凝视万物。佛教的圣人又怎会对万物心存惊讶呢？因为他们的世界只有一样事物存在，而不具位格的事物是无从对自身感到惊讶的。虽然，有不少泛神论的诗尝试表达对世界的惊叹，但是并没有真正成功的。泛神论者不能发出惊叹，因为他们不能赞赏任何与自己同为一体、自身以内的神或事物。我们这里要立刻处理的，是基督教这种仰慕（对象是一个自身以外，跟敬拜者截然分开的神明）对一般伦理活动和社会改革的影响。当然，其影响是相当明显的。我们根本不可能从泛神论中找出一种道德行动的特殊冲动，因为泛神论本身正隐含着一件事情跟另一件事情同样美好的意思；而行动本身则隐含着一件事较另一件事可取的意思。斯温伯恩在其怀疑主义的盛夏曾力图解决这个问题，不过并未成功。受加里波第①和意大利的叛乱启发，他的《日出前之歌》②宣称有一种更新的宗教和一个更纯全的神，可叫世上所有祭司消失：

---

① Giuseppe Garibaldi（1807—1882），意大利民族统一运动著名领袖。
② 《日出前之歌》(*In Songs before Sunrise*)，1871年出版。参见第六章第91页注释2。

> 何以你现在
> 向着上帝哭泣，
> 我是我，你是你，
> 我是卑下的，你是高尚的，
> 我是你当你在找他，而发现你只是自己，而你是我

　　从这些诗句中，可得出一个直接而明确的推论：暴君跟加里波第的追随者同样是神的儿子；而那不勒斯（Naples）的国王邦巴①极其成功地"发现自己"与万物终极的善毫无分别。事情的真相是，那股推翻暴君的西方力量乃直接来自西方神学"我是我，你是你"的观念。由于精神上的分隔，人既能抬头望见掌管宇宙的明君，亦能抬头望见那不勒斯的昏君。邦巴的神的信奉者推翻邦巴。多个世纪以来斯温伯恩的神的信奉者覆盖亚洲，却从未推翻一个暴君。这位印度的圣人有理由紧闭眼睛，因为他看着的既是我又是你也是我们和他们及它。这是一种理性的占领；但在理论上和事实上都从没有帮助印度人监视总督寇松。②这种外在的警惕（我们要警醒祷告的命令）向来是基督教的印记，在西方典型的正统信仰和西方典型的政治都有充分的体现：两者都建基于一个观念：世上存在着一位与我们不同的神圣超越者、一个隐而未显的神明。当然，最洞悉事理的信条或会提出，我们应该一环复一环地走进自我迷宫的深处寻找神。只有基督教世界的我们指出人应该像展翅上腾的鹰，在崇山峻岭寻觅神；而在追寻的过程中我们杀死了所有怪兽。

　　因此，我们再一次发现，旧时的神学远较新兴的神学思想，蕴含着那种我们重视的民主和西方自我更新的活力。我们若爱改革，就必须坚

---

① King Bomba，那不勒斯的暴君，被加里波第率领的红衫军所推翻。
② George Nathaniel Curzon（1859—1925），为了巩固英国对印度的统治，严格检查民族报刊，强化对学校的控制。1905 年，他把孟加拉国分成东西两个行政实体，利用了孟加拉国复杂的阶级和民族矛盾，煽动印度教徒和伊斯兰教徒之间的矛盾。

持正统信仰，在神的内在性或超越性的问题上（坎贝尔先生的忠告中频频出现的争论）尤需如此。强调神是内在的神，我们就会变得内省、自我孤立、寂静不动、对社会态度冷漠：这从西藏可见一斑。强调神是超越的神，我们会充满惊叹、好奇心、道德探索、政治冒险，甚至是公义的愤怒：且看基督教的国度！若只坚持神存在于人里面，人往往躲在自己里面。若能坚持神是超越人的，人其实已超越自己。

其他被视为古旧、过时的教义，同样出现了这种情况。三位一体这个难解的奥秘就是另一例子。神体一位论派（Unitarians，提及这个学派不能不就其理智方面的尊严和荣誉报以特别的尊敬）可说是纯属偶然的改革者，常常意外地导致许多小教派抱持一位论的看法。可是，以一神论（monotheism）取代三位一体论，却丝毫也不见得有什么自由或类似改革的地方。《阿塔那修信经》（Athanasian Creed）那位复杂的神也许对人的智力来说相当费解，但它断不会像奥马尔①或穆罕默德（Mahomet）所信奉那位孤独的神那样，让苏丹王的莫测和残暴肆虐人间。神体一位论派骇人的神不单是一个国王，而且是一个东方的国王。

人类的胸怀，尤其是欧洲人的胸怀，肯定较能容纳围绕着三位一体论各种奇怪的暗示和符号，这包括立法机构那种慈爱和公义并驾齐驱的意象，以及存在于世界最内在、最深处的会议厅中那种自由与变化的观念。西方的宗教向来深深相信："独自一人是不好的。"这种合群的天性无处不在，东方隐士的思想实质上也被西方修士的观念驱走。因此，苦行主义（asceticism）渗透着兄弟的友爱；寂静的特拉普派②带着敦睦的色彩。如果测试的准则是人对生存的复杂事物的喜爱，那么，三位一体论的宗教肯定较神体一位论健康。对我们这些三位一体论者来说（容我以尊敬的口吻说）——对我们来说，神本身就是一个社会。这的确是一

---

① Omar（约581—644），波斯帝国第二任国王，国土扩及北非及叙利亚。
② Trappists，为天主教西多会（Cistercian）的一个支派。特拉普派强调缄口苦修，除了把自己的精神世界献给上帝，还要从事大量的体力劳动，生产自己各种生活所需。

个深不可测的神学奥秘,就算我拥有足够的神学知识可以直接处理这个问题,这里也不是合宜的场合。我只须指出,这个三而一的谜团既如葡萄酒般使人舒适,又如英式家庭的炉边般向外敞开。这个谜虽然使智力感到困惑,却叫心灵完全安静下来。相反地,孤独的神膝下那群残酷的儿女却从沙漠、干旱之地、可怖的太阳冒出来;真正信奉一位论的人曾手持短弯刀大肆毁坏世界:因为独自一神是不好的。

此外,同样的情况亦出现在灵魂的危机这个艰涩的问题上。这个问题动摇了不少正义的心灵。固然,对所有的灵魂寄以厚望是极其重要的,而灵魂必然得到拯救是合理的说法。虽然合理,但却不特别有助于行动或进步。我们这力争上游和富于创意的社会应该坚持的,是每个人其实都岌岌可危的事实:要么千钧一发,要么命悬一线。认为所有人最终都会有好结局无论如何只是一个综合的说法,称不上什么警世的号角。反之,欧洲应该强调可能出现的浩劫;而欧洲其实经常强调这点。欧洲最崇高的宗教及其所有最平庸的传奇故事在这一点上如出一辙。对佛教徒或东方的宿命论者而言,生存是一门科学或一个计划,总会以某种方式告终。但对基督徒而言,生存是一个故事,告终的方式可以五花八门。惊悚小说(这种纯基督教产物)的英雄没有给食人生番吃掉,但为了确保惊悚感的存在,那种可能会被吃掉的危机是极其重要的。惊悚小说的英雄(可以说)必须是一个可吞吃的英雄。因此,基督教的伦理常提醒人:当心的不在于人将会失掉灵魂,而在于人必须确保灵魂不会失掉。简言之,根据基督教的伦理,对一个人说"真该死!"是邪恶的;但对他说"找死吗?"绝对蕴含宗教和哲学意涵。

不管是哪种派别,基督教都把注意力集中于人在十字路口的时刻。一些广泛而肤浅的哲学——那种大而无当的骗人花招——全都谈及年代、进化及终极发展。真正的哲学则关注顷刻的事情。一个人会选这条路还是那条路?——这是唯一要思考的事,如果你喜爱思考的话。要思考千万年的事情相当容易,任何人都能做到。刹那的事情才真正骇人,而正因为我们的宗教极度重视人生的一瞬,它的文学每每提到战争,它的神学每每谈及地狱。基督教是充满危机意识的宗教,就像男孩子的读物一样:不死的危机四处埋伏。

流行小说和西方人的宗教有很多真正的共通点。你如果认为流行小说粗糙、俗气,你不过是说着那些沉闷而见多识广的人同时就大公教会的意象所说的话。生命(根据信仰)极像杂志分期连载的故事:以一个"待续"的承诺(或威吓)结束。此外,生命亦以一种高贵的庸俗模仿着分期连载的故事:在最刺激的一刻突然终止。因为死亡显然是刺激的一瞬。

一个故事之所以精彩刺激,是因为它含有一种浓厚的意志成分,那就是神学所称的自由意志。你不能随一己意欲完成一题加法的算术,却能凭个人喜好编写一个故事的结局。有人若发现微分学,那是唯一能发现的微分学。然而,莎士比亚如果喜欢的话,罗密欧(Romeo)殉情的结局可以改写为罗密欧娶了朱丽叶(Juliet)年老的保姆。基督教世界以擅长写传奇故事著称,正因为它强调神学上的自由意志。在这里讨论这个大问题不免流于片面,我只想指出,现代人滔滔不绝地谈论把罪视为疾病、把监狱设计成像医院般的保健场所、以缓慢的科学方法医治罪行等事情,自由意志正是反对这些想法真正的理由。整件事的谬误在于,罪恶是主动选择的后果,而疾病绝不是。你如果说正准备医治一个行为放荡的人,就像医治一个气喘患者一样,我最直截了当的反应是:"那么,试试制造主动选择患气喘病的人,使其数目不少于主动选择行为放荡的人吧!"一个人或可躺下身子,动也不动,疾病就能治愈。可是,要治好他犯的罪,他一定不能静躺下来;反之,他必须站起来,甚至发狂似的跳来跳去。整件事的重点可借这个我们用来形容住院者的词语完全表达出来:英语中"病人"(patient)一词又可解作受苦者或耐性,语气是被动的;"罪人"(sinner)一词的语气则是主动的。一个患了流行性感冒有待医治的人,尚可以耐心候诊;而一个爱上做伪造勾当而有待医治的人一定不能耐心候诊，他必然感到不耐烦，这个人对他的伪造行为一定会焦躁不安。一切道德改革必须从主动而非被动的意志入手。

再一次，我们得出同样有力的结论。只要我们向往那些使欧洲文明与众不同的事物，向往明确的重建工程及危险的革命行动，就不能排除事物或会毁灭的可能性；反之，大家应该鼓吹这种危机意识。假如只希望像东方圣者般默想何谓对错，当然只能指出事物必须走对路。然而，假如特别希望事物走对路，就必须坚持事物可能会走错路。

最后，同样的道理适用于现代人另一种常见的想法，一种试图削减或借解释消除基督之神性的想法。基督的神性可真可假，我会在完结前处理孰真孰假的问题。假如基督的神性是真确的，那么这必然充满革命色彩。一个好人会走投无路，这种事情屡见不鲜；但一位神会走投无路，对所有起义者来说永远是一件引以为豪之事。基督教是世上唯一的宗教，认为神因为全能而变得不完全。只有基督教会认为，为了要成为完全的神，神必须既是反抗者又是君王。跟其他一切信条不同，基督教在创造者的美德清单中加入了勇敢一项；因为只有当灵魂通过某一极点而没有碎裂，才称得上真正勇敢。就这一点，我正触及一个隐晦而骇人的棘手问题；这个问题甚难讨论，就是最伟大的圣人和思想家都（合乎情理地）不敢贸然触碰。我的措辞若有不当或显得不敬之处，还请大家多多包涵。耶稣受难这个可怕的故事有一种明显的感情暗示，世上万物的作者（以某种不可思议的方式）不只经历了人间的剧痛，而且还陷入人间的疑惑。经上说："不可试探主你的神。"①这是不应该的；然而主你的神却会试探自己；而这似乎正是客西马尼园（Gethsemane）发生的事。在园子里，撒但曾试探人；在园子里，神曾试探神。它以超出常人的方式，战胜了人类从悲观而来的恐惧。地壳震动、太阳在天空中消失，并不是因为钉死于十字架的苦难，而是因为从十字架上发出的呐

---

① 圣经《申命记》6：16。

喊：一种坦承神离弃神的呐喊。现在请革命分子仔细衡量世上一切必会重现、拥有不变力量的神祇，然后在各种信仰中任选其一，在世上诸神中任择其一。他们将找不到另一位本身曾作出反抗的神。不仅如此（事情愈来愈难以言述），又请无神论者自己选择一位神。他们将发现只有一位神曾经说出他们孤立的想法；只有一种宗教的神曾在某一刻看似无神论者。

这些可称为旧有正统信仰基本的东西。正统信仰主要的优点，在于它是革命和改革的泉源；而主要的缺点，它显然只是一个抽象的断言。正统信仰最大的好处，在于它是最充满危险、最富勇敢精神的神学思想；而最大的坏处，是它只不过是神学思想。我们常常碰到反对正统信仰的主张，认为它本质上是任意不定，如在半空中尚未成形。其实它算不上高挂半空，但伟大的弓箭手耗尽一生的精力向它发箭，连仅余的箭矢都统统射出；有些人不惜摧毁自己、摧毁自己的文明，只为了要摧毁这个奇妙的古老故事。这就是关于这个信仰最后又最令人惊骇的事实：它的敌人为了对付它，不择武器，不惜使用割断自己手指的利剑，以及烧毁自己家园的火把。一些人始于为自由和人类社会攻击基督教会，而最终却单单为攻击教会而丢弃自由和人类社会。这绝非夸张，这样的例子足以让我写一本书。布拉奇福德先生跟一般猛烈抨击圣经的人无异，他从证实亚当没有对神犯罪出发，为了坚守这个立场，他在调整讨论策略的过程中确认了一个附带的观点：从尼禄到利奥波德一世①，所有暴君对人类来说都是无罪的。我认识一个人，他由于极其热衷于证实死后再无"己身存在"，他的立场倒退为今生也无"己身存在"。他援引佛教思想指出，所有灵魂会逐渐消失于相互之间；为了证实他不能进天堂，

---

① King Leopold（1640—1705），哈布斯堡王朝的神圣罗马帝国皇帝（1658—1705）。利奥波德一世的统治遇到各种困难，他在即位后不久与瑞典发生战事，并抗击土耳其，为支持其子查理竞争西班牙王位，对法国发动西班牙王位继承战争。

他证明自己不能进哈特尔普尔①。我认识一些人，他们为了反对宗教教育而提出反对任何教育的论点，指出孩子的心灵必须自由成长，又或年长的不可教导年幼的。我还认识一些人，为了证明世上没有神圣的判断，他们证明人的判断并不存在，即使涉及的是一些实用的事情。他们焚烧自己的谷物，用以纵火烧毁教堂；他们击碎自己的工具，用以撞毁教堂；任何木棒都可派上用场，尽管那已是他们支离破碎的家具最后的一根。

我们不会羡慕，也绝不原谅那个因为爱另一个世界而毁掉这个世界的人。至于那个因为恨另一个世界而毁掉这个世界的人，我们又有何话好说呢？为了证明神并不存在，他牺牲了存在着的人类。他的受害者不是用来献给祭坛，而只是用来证明祭坛空空如也，神座上不见一物。为了向一个从未活过的神施以奇怪而永久的报复，他甚至做好准备，随时随地摧毁万物赖以维生的基本伦理。

虽然这样，正统信仰仍然挂在天空中，丝毫无损。反对者只成功地摧毁一切他们有充分理由相信是珍贵的东西。他们毁不掉正统信仰；只毁掉了政治及人所共有的勇气的意识。他们不能证实亚当无须对神负责，试问如何能证实呢？他们只（从其假设）证实了沙皇不用对俄罗斯负责。他们不能证明亚当不应受神惩罚；只证明了最邻近的剥削者不应受人惩罚。带着东方世界对人格、人性的疑惑，他们不能确定"此后"将没有个人的生命；只确定了"当下"是不能享有惬意或整全的生命。他们所有结论引申出来的想法均属错误，这些叫事物丧失作用的想法并没有撕破天使执掌的天国档案；只叫人类较难贮存马歇尔及斯内尔格罗夫百货公司（Marshall & Snelgrove）的书刊。不单信仰是世间一切活力之母，其敌人也是世间一切困惑之父。现世主义者并没有拆毁神圣的事物；现世主义者只拆毁了现世的事物，要是这能带给他们安慰的话。泰坦神（Titans）并没有攻陷天堂，他们只叫这世界陷于无尽的荒芜。

---

① Hartlepool，英格兰东北部的一个城市，位于北海海岸。

第九章 权力与探险家

上一章集中讨论正统信仰不仅是道德或秩序最可靠的看守者（一个常见的主张），而且也是自由、革新、前进最合乎逻辑的捍卫者。要打倒势力强大的压迫者，我们不能借着新的教义，认为人类可臻至完美；我们却可凭着旧有的教义，坚信人类是有原罪的。假如我们想把天性的残暴连根拔除，又或想叫堕落的群众重新振作，就不能凭借认为物质先于心灵的科学理论；我们却可凭借认为心灵先于物质的超自然理论。假如我们特别希望唤醒人类的社会警觉心，以及对实践的不懈追求，那么，坚称世上有内在的神、有灵光并不能起多大作用，这最多只能叫人心满意足；相反地，坚称世上有超越的神、有飞快逃逸的光束却能起很大的作用，因为这意味着神圣的不满。假如我们特别希望对可怕的独裁统治予以充分的制衡，本能上理应舍弃神体一位论而选取三位一体论。假如我们渴想欧洲文明是一个突袭和拯救，一定不会说灵魂的危机最终是不真实的，只会坚称灵魂真的岌岌可危。假如我们希望使被驱逐者及受迫害者的身份得以提升，就宁愿相信被钉在十字架上的不只是一个圣人或英雄，而是一位名副其实的真神。最重要的是，假如我们想为穷人提供保护，就应支持固定法则和明确教义的存在。一个俱乐部的规则间或对贫穷的会员有利；一个俱乐部的流变却往往有利于富有的成员。

现在，我们面对一个关键的问题，这个问题足以为整件事情定下结论。一个合乎情理的不可知论者（若然碰巧他到目前为止尚赞同我的观点）或会有充分理由转而对我说："你在堕落的教义中找到一种实用的哲学；很好！你指出民主为人忽略的一面，而原罪的教义明智地补回这个缺口；也行！你在地狱的教义中发现真理；我恭喜你！你相信有位格的神的崇拜者是向外察看的前进分子；我恭喜他们！然而，就算假定那些教义的确包括这些真理，你何不只取其真理而别管那些教义？假定整个现代社会因为不能容忍人类的弱点而太过信赖富人，假定正统信仰的年代因为（相信人类堕落的教义）包容人类的弱点而有显著的优势，我们何不简单地包容人类的弱点而抛开堕落的教义？假如你发现罚入地狱的教义代表一种揭示危险的健康思想，何不简单地只接受危险的揭示而摒弃地狱的教义？假如你清楚地看见基督教正统信仰这个外壳的核心是普通常识，何不简单地只取核心，撕下外壳？（使用这个报纸惯用语①叫我这种高度学术型的不可知论者不免有点害臊）你怎么不简单地只摘取基督教美好的事物，即那些你能界定为有价值的、你能真正理解的东西，而别理会其他的一切，即那些本质上无法理解的、绝不改变的教义？"这是一个真正的问题；这也是最后的一个问题；回答这个问题不失为一种乐趣。

  第一个答案十分简单：我是一个理性的人。我喜欢找一些理性的原因支持自己直觉的想法。如果要把人视作堕落的存有，我倾向相信人果真堕落了，这可提供我理性上的便利。我又发现，基于某种奇怪的心理因素，如果我确信一个人有自由意志，当他行使自由意志时，我便能更恰当地加以看待。在以下事情上我更毫无疑问是讲求理性的人。我无意把这本书变成一般的基督教护教书；我乐意在任何其他时候在那个较显而易见的场所跟基督教的敌人会面。这里我只打算述说我在属灵事情上愈来愈确定的经历。不过，我可稍停下来加插一个评语：我愈看那些反对基督教宇宙论纯抽象的论据，我就愈是掉以轻心。我的意思是，当我发现道成肉身的道德基调是普通常识后，便开始细看一些反对道成肉身之说的观点，然后发现那些观点只是普通不过的废话。唯恐整个讨论被

---

① 切斯特顿指的是"why cannot you"。译者把原文的"why can you not"译作"何不"，把"why cannot you"译作"你怎么不"，以兹区别。——译注

视为缺乏一般的护教理由，我会从客观或科学角度简单地概述我的论据和结论。

假如有人问我一个纯理性的问题：为什么要信基督教？我只能回答："理由跟明智的不可知论者不信基督教的一样。"我是基于证据完全理性地相信基督教的。不过，我的所谓证据，并不是别人提出的这个或那个所谓的证明，而是由细小而一致的事实积聚而成的庞然大物；情况跟明智的不可知论者不谋而合。我们不应因为现世主义者反对基督教的理由混杂零碎而责怪他们；正是这些散乱的证据叫心灵相信确有其事。我的意思是，一个人也许宁可相信从一本书、一场战役、一幅风景画及一位老朋友而来的哲学，而不相信从四本书而来的哲学。证据若属不同种类，的确更能凸显它们指向同一结论的事实。今日一般受过教育而不信基督教的人，其不信的意念几乎（以事论事）全都是从这种松散而生动的经验而来。我只能说，我支持基督教的证据相较于反对者的同样生动而多样化，因为当我检视各式各样反对基督教的道理时，发现当中没有一样是真确的。我发现所有事实的浪头与威力竟往另一个方向涌流。举个例子吧！许多明白事理的现代人不相信基督教，极可能是因为三种信念汇聚所施给他们的压力。第一种信念：人类的形状、结构、性征毕竟和野兽极其相似，人类只是动物王国的一个品种。第二种信念：原始时代的宗教是在无知与恐惧中产生的。第三种信念：神职人员的组织腐败不堪，只为人间带来怨恨和忧愁。这三个反对基督教的论点本身非常不同；但三者都相当正当合理、合乎逻辑，并且汇聚在一起。（我发现）就此最有力的反驳是三者全都不是真确的。假如你戒看有关人和野兽的书，转而观察人和野兽，你会（要是你有少许的幽默感或想象力、少许狂热或滑稽感）赫然察觉，原来人类和野兽不但毫不相似，而且有着巨大的分别。这种骇人的差异才有待辩解呢！人兽相似，在某种意义上不言而喻；但既似非似，在相同中又极其不同，这才叫人震惊、费解呢！猿猴有一双手，对哲学家来说无甚惊喜，他们感兴趣的是为什么那双手几乎是闲着的：不曾用指节骨玩接子游戏；不曾弹奏小提琴；不曾割大理石或切羊肉。

有些人谈及粗陋的建筑和低俗的艺术。然而，大象从不兴建象牙造的巨庙，即使采用洛可可（roccoco）风格也不行；骆驼尽管满身都是用来造刷子的短毛，但连最粗糙的图画都不曾描绘。某些现代的空想家指出蚂蚁和蜜蜂的社会较人类的优越。不错，它们确有一种文明；但认识这点只叫我们注意到那是一种次等的文明。谁见过一个镶嵌著名蚂蚁塑像的蚁丘？谁见过一个刻上古代华丽的皇后像的蜂巢？谁都没见过；人和其他生物的分歧或许可用自然论来解释，但分歧始终存在。我们谈及野生动物；其实人是唯一狂野的动物。只有人类才会情绪爆发。一切其他动物都是听使唤的，遵从着其部族或品种粗糙的传统礼仪。一切其他动物都可驯养家中；唯独人是不能留在家中的，他们不是出走做浪子，就是出家为僧。因此，第一个反对基督教的理由根本完全不能成立，这个肤浅的唯物论理由只能倒过来支持基督教的教义；此所谓生物学的尽头，正是一切宗教的开端。

至于三个偶然拼凑在一起的理性论据的第二个：一切称为神圣的东西始于黑暗和恐惧，情况也并无两样。当我着手检视这种现代思想的基础时，发现它根本毫无基础可言。科学对史前的人一无所知，因为史前的人是属于史前年代的；这个原因可谓无懈可击。有几位教授选择作出臆测，指出一些像以人作祭品的事情曾经合法而普遍，到后来才日渐没落。不过，这种臆断并无直接证据，现存少量的间接证据则完全与之背道而驰。在我们最远古的传说中，人祭断不是一种古老习俗，而是一种基于诸神莫名的要求而出现的新事物，一种古怪骇异的特殊情况，这从艾萨克和伊菲姬妮亚（Iphigenia）①的故事中可见一斑。对史前的人，历

---

① 在希腊神话中，阿伽门农（Agamemnon）把大女儿献给阿耳忒弥斯（Artemis），好使亚该亚人（Achaean）的舰队能启航前往特洛伊（Troy）。——译注

史什么也没说；传说一概认为远古年代的大地是较仁慈的。世上从没有进步的传统；全人类只有堕落的传统。最莫名其妙的是，堕落观念的流传竟被用来作为否定其真确性的理由。有学者确确实实地指出史前的不幸不可能是真确的，因为人类每个民族都记得史前之事。我完全跟不上这种自相矛盾的说法。

至于第三个偶然凑合的论据：神职人员使世界更形黑暗和悲痛，情况也是一样。我细加探究，发现绝无其事。欧洲某些仍然受神职人员影响的国家，正是那些在户外仍充满歌声、舞影、彩衣、艺术的国家。基督教的教义和戒律或许是墙壁，不过那只是游乐场周边的砖墙。基督教是唯一到今天仍保存着无宗教者乐趣的规章制度。试想在一个高踞海面的小岛上，有些小孩子在一大片青草地上玩耍，只要有一堵墙围绕着峭壁四周，小孩子就可尽情跃进每一个疯狂的游戏中，叫小岛成为世上最喧闹的幼儿园。可是，墙壁一旦拆掉，险峻的悬崖就会赤裸裸地矗立眼前。及至他们的朋友回到岛上，这群小孩子虽没被绊倒，却全都挤到小岛中央缩作一团；从此再也听不到他们的歌声了。

由此可见，这三种从经验而来的事实——这三种不可知论者自以为持有的理据不但站不住脚，反而倒戈相向。我不得不反过来问："请解释以下三样事情：其一，万兽中何以人类独有非常怪异的特质？其二，人类的古代何以存留这么多快乐传说？其三，信奉基督教的国家何以竟局部保存了无宗教信仰者的喜乐？"一个解释可完全解答上述三个问题，较之于自然秩序受爆炸干扰的说法，又或被称为灵媒的人所带来的启示，这套理论十分有说服力。上帝曾经来到世上，带着权能或称为神的形象的印记，人得以借此掌管大自然；然后（诚如一个又一个帝国里的人所渴想的），上帝再一次来到世上，以人坎坷的样式作出拯救。这套理论解释了为什么大部分人常常往后看，又为什么唯一叫他们在任何意义上往前看的角落，就是耶稣基督建立自己教会的一小片大陆。我知道有人会指出：日本岂不变得进步了。但假如说"日本变得进步了"的意思只不过指"日本变得像欧洲",这又怎能算作答案呢?不过我在这里最想强调的,与其说是我个人的解释,不如说是我原来的见解。当三或四件奇怪的事同时指向某种事情时,我会跟街道上一个不信神的普通人持一致的看法;可是当我自行察看那些事实,往往发现它们指向别的事情。

就一般人反对基督教的想法,我构想了一组三合一的论据;如果认为这三一论的基础过于褊狭,我可以立刻提出另一组。这一组是关于一些主观的想法,这些想法结合起来给人一个印象:基督教是懦弱兼病态的宗教。其一,耶稣是一个温柔的人,既温顺如绵羊,又不谙世故,对世界无甚感染力。其二,基督教崛起和兴旺于无知的黑暗时代,基督教会老是要把我们拖回到久远的年代。其三,像爱尔兰人般仍极其虔诚或(如你所说)迷信的人都是软弱、不切实际、追不上时代的。我提出这些观点只想证明同一道理:当我独立检视上述的想法时,发现的不是那些结论缺乏哲理,而是所谓事实并非事实。与其阅读关于新约圣经的书籍和图画,我宁可翻阅新约圣经。我在经文中看见一个人,他的头发绝不是中分,他也绝不是紧握双手一脸恳求。相反地,他是一个绝不平凡的人,他的双唇吼出轰隆的雷鸣,行动带着火红的决定:推倒凳子,驱赶恶魔,随着隐秘的风,从山上独自一人变成令人敬畏的民众领袖;行为举止常常极像一个愤怒的神,甚至说,极像一个神。耶稣基督甚至有自己的文学风格,我认为在别处是看不见的。这种风格其中一个特色,就是近乎激烈地使用"岂不更"①这种说话方式。他的"何况"如云层中的堡垒般一座一座堆积起来。一般人常用温和、顺从的字眼来形容耶稣,这也许是明智的做法;但耶稣自己的用语则是出奇地气势磅礴:充满了骆驼跃进针孔、群豕扑向大海的震荡。至于道德方面,耶稣基督同样地震慑人心:他自称为杀戮的刀,又叫没有刀的人要卖衣服买刀。他甚至用其他更激烈的字词来谈论不反抗的问题,这不单使人更加

---

① *a fortiori* (拉丁文),意思是更加、更不必说、岂不更;切斯特顿作 how much more。

费解，而且增添了暴力的色彩。我们根本不能以耶稣是疯子为理由解释整件事情，因为疯狂是沿着一条连贯的频道走动。疯子一般是单声道的偏执狂。这里，我得重提基督教那个艰涩的定义：基督教是一个超凡的吊诡，在这个吊诡中，两种截然相反的情感竟可以各自又同时迸发燃烧的光芒。就这个费解的问题，福音语言有一个解释应可大派用场：一个站在超凡的高处往下俯瞰的人，当然看到一个更令人惊讶的综合景致。

我依次谈论第二个论据：基督教是黑暗时代的产物。就此我认为只阅读现代笼统的论述并不足够，于是读了一点历史。我发现历史上的基督教不但不属于黑暗时代，而且是一条道路，虽然横跨黑暗时代，但本身绝不黑暗。基督教是一道辉煌的桥梁，连接着两代辉煌的文明。若有任何人指出基督教信仰崛起于无知及野蛮，答案十分简单：那不是事实。基督教崛起于罗马帝国全盛时期的地中海文明。君士坦丁（Constantine）把十字架钉在船桅上的当儿，世界挤满了怀疑论者，而泛神论的思想又如日光般无处不在。自此以后，那艘船确实沉没了；不过远较此不寻常的，是那艘船又再度浮起：重新涂上油彩，船身闪闪发亮，桅杆上依然钉着十字架。

这个宗教做了一件叫人惊诧不已的事情：把一艘沉船变成一艘潜艇。这艘大平底船在海水的重量下存活过来；纵然被埋在不同朝代和宗派的瓦砾之下，却又再度冒起来，带着罗马的记忆。如果我们的信仰只不过是一个衰落帝国流行一时的狂热，那么，一种狂热将随另一种狂热隐没在暮色之中。如果一种文明真的重新兴起（许多没落的文明永不重现），它必然是举起了某种半开化的新旗帜。然而，基督教会既是旧社会最后的生命，也是新社会最早的生命。教会接收了那些忘记了怎样造圆形拱顶的人，教导他们创造了哥特式尖拱。简言之，我们所听到有关基督教会的说法，恰恰是最荒谬的说法。我们怎可能说基督教会意欲把人带回黑暗时代？教会正是唯一把我们带离黑暗时代的力量。

我在第二组三一论中加入一个毫无根据的反对理据：爱尔兰人等民族因为迷信变得性格软弱、死气沉沉。我加入这个反对基督教的理由，因为它是一个特别的例子，显示一个貌似事实的陈述，实质上这是一个完全错误的陈述。经常有人说爱尔兰人不切实际，只要我们暂且不理会人家说的是什么，单是看看爱尔兰人做了些什么，就会发现爱尔兰人不独是务实的民族，而且是凭着不辞劳苦终获胜利的民族。国家贫瘠、人丁稀少是他们工作的条件，在大英帝国中从没有其他族群能在这样艰辛的环境下干出这么多的事情。民族主义者①是唯一成功地使整个英国国会急速扭转方针的少数族类。爱尔兰的农民是这些岛屿上唯一能逼使地主交出所侵吞财物的穷人。这些我们称为受祭司驱动的人是唯一不受乡绅支配的英国人。当我细察爱尔兰人真正的性格，情况也是一样。爱尔兰人最擅长特别坚实的职业：铁器贸易、律师、从军。从这一切例子我得出同样的结论：怀疑论者声称要根据事实作出判断是对的，可惜他们从没察辨事实。怀疑论者太容易受骗了；他们完全相信报纸甚或百科全书的记载。再一次，原本的三个问题留给我另外三个相反的问题。一般怀疑论者想知道我如何解释呈现在福音书中软弱无力的人格、信仰与中世纪黑暗的关连，以及凯尔特（Celtic）基督徒不切实际的个性。我想反问的是，我以一种相当于燃眉之急的炽热反问："这种无可比拟的活力是从何而来的？首先，这种在地上行走时发放着强烈的审判信息的能量从何而来？其次，这种既能与一个垂死的文明一同死去，然后又驱使它从死里复活过来的能量从何而来？最后，这种燃起一个彻底贫乏的农民群体的热诚，使他们凭着坚持公义而取得成功的能量从何而来？究竟是什么能量使其他人空手而回，而大英帝国最无助的岛屿

---

① 民族主义者（Nationalists）。在 1800 年代末期，爱尔兰为追求独立而颁布了"自治法案"（Home Rule Bill）。由帕乃尔（Charles Stewart Parnell, 1846—1891）领导，支持格莱斯顿（William Gladstone, 1809—1898）的自治法案及其他议题（包括被占领者的权利、种族法律等），以改善爱尔兰人民的生存条件。

能够自我救助？"

　　这个问题是有答案的。答案是世界之外确实存在着一种能量，这种力量是超自然的，要不然它至少是一场真正超自然的骚动的结果。当然，我们应该把最崇高的谢意和尊敬给予人类伟大的文明，例如古埃及和现存的中国文化体系。不过，如果说只有现代的欧洲才源源不绝地展现一种自我更新的能力，相信也毫无不公允之处。现代的欧洲往往在极短的时间内就进行自我更新，覆盖的范围遍及建筑或服装最细小的环节。一切其他的社会终有一日带着尊严死去。我们则天天死去，然后又每每以一种近乎不妥的分娩方式重生。如果说历史上的基督教世界有一种不正常的生命，绝对算不上夸张。这可理解为一种超自然的生命，又或一个骇人听闻的、触电似的生命，存活于原本是尸体的躯壳内。这是因为无论拿类似的情况作比较，又或从社会的或然率计算，我们的文明应该早在罗马帝国结束时那场世界毁灭（Ragnarok）①中已死去。我们的土地有一种玄妙的神灵感应：这里再没有你和我的事了。我们都是亡魂（revenants）②；所有活着的基督徒都是死去的无宗教信仰者，在地上来回走动着。就像欧洲各国本来正静静地成群结队踏上亚述（Assyria）和巴比伦（Babylon）死亡之旅，却突然有些东西进入了其躯体，自此就拥有一种奇怪的生命。如果说欧洲的生命曾出现突变，相信也绝不为过。

　　我之所以详细讨论这些典型的三合一疑问，是为了表达一个主要的论点：我是基于理性的原因相信基督教；理性而不简单。我的信念是由不同的事实累积而来，就像一般不可知论者对信仰的态度一样。不过，一般不可知论者相信的事实统统是错误的：他们是基于众多不同的理由而不信神；可惜那些原因却与事实不符。他们不信基督教是因为中世纪

---

① 挪威神话中一段道德及物质极度混乱时期，诸神和人类的世界随此结束。——译注
② 从阴间回来的亡灵。——译注

是野蛮的，但事实不然；或因为达尔文主义已被证实为真确的，这只是假象；或因为神迹不曾发生，但神迹的确发生；或因为修士是懒惰的，其实修士勤奋得很；或因为修女并不快乐，修女尤其充满喜乐；或因为基督教的艺术凄惨而苍白，基督教的艺术在异常明亮的颜色衬托下，闪耀着金色的光芒；或因为现代科学正移离超自然的事物，现代科学正以火车的高速向超自然的领域迸发。

然而，在千百万个往同一方向流动的事实中，有一个相当实在的问题，值得我们把它区分开来另作简要的处理；我指的就是超自然事物的客观基础。我在本书其他章节曾指出一个常见的错误假设：世界既然秩序井然，所以必然没有位格。一个人或爱有秩序的事物，或爱无秩序的事物，两者都极有可能发生。不过，我个人明确地认为有位格的创造较唯物论的宿命值得相信，我承认这一点在某种意义上是无从讨论的。我不会称之为信心或直觉，因为这些字眼混杂了浓厚的感情色彩，我会严谨地视之为一种理智上的认信：一种理智上基本的认信，就像我们确认自我、确认生存是美事一样。任何人喜欢的话，可干脆称我对神的信仰为一种神秘的认信；神秘一语不值得争拗。然而，我是凭事实相信人类历史中确有神迹发生，这个信念绝不是神秘的信念；相信神迹就像相信发现美洲大陆一样，完全是基于人类各种证据。说到这里，我不妨指出一个与逻辑有关的事实。这个事实十分简单，只须稍作声明及澄清便可。不知怎的，近来兴起一种不正常的观念，认为不相信神迹的人看待神迹的态度是冷静和公正的，而信神迹者则基于某种教义才接受神迹。事实恰恰相反。相信神迹的人接受神迹（不管其信念对与错）是基于证据，而不信者否定神迹（不管其信念对与错）是基于教义。面对神迹最开放、平淡、民主的态度，是相信一个卖苹果的老妇就神迹所作的见证，一如相信她就谋杀案所作的见证。面对神迹最简单、普通的行为，是相信一个农民谈及见鬼的经历，一如相信他谈及地主的故事。身为农民的他，也许对两者都抱持一种相当健全的不可知态度；然而，农民认为鬼魂存在的证据，数量多得足以塞满大英博物馆。

说到人的证词，人类相信有超自然事物的证词更有如急瀑般令人窒息。如果你拒绝接受这些证据，只能意味着以下两种事情：其一，你因为作证者是农民而不接受他说的鬼故事；其二，你因为那个故事是个鬼故事而加以排斥。即是说，你要么就是否定民主的主要原则，要么就是确认唯物论的主要原则，坚信神迹是完全不可能发生的。你当然绝对有自由这样做，但这样做就表示你是一个教条主义者。身为基督徒的我们乐于接受一切真实的证据，反而是身为理性主义者的你拒绝接受真实的证据，因为你的信条逼使你作出这样的选择。我在这件事情上并不受任何信条辖制，我试着不偏不倚地检视中世纪和现代社会一些神迹，得出的结论是这些神迹确有发生。一切反对这些明显的事实的论点往往只是循环论证。如果我说："中世纪的文献证明属实的神迹，数量跟其证明属实的战事一样多。"反对者就会说："中世纪的人很迷信。"如果我追问在哪些方面迷信，最终得到的答案是由于中世纪人相信神迹。如果我说："一个农民看见鬼。"有人会对我说："农民真是容易受骗呀！"如果我问："为什么容易受骗？"唯一的答案是：因为他们说看见鬼魂。冰岛是不可能存在的，因为只有愚蠢的水手曾看见冰岛；而水手是愚蠢的，只因为他们说曾看见冰岛。为表公平，我得加入另一个不信者或会理性地提出来反驳神迹的论点，虽然他们通常会忘记了这个论点。

不信神迹的人或可提出，许多神迹故事都涉及一种观念，就是看见神迹的人心灵上都事前做好迎接的准备：简言之，就是说神迹只会降临在相信的人身上。这也许是真的，而若然是真的，我们又该如何测试神迹的真实性呢？假如我们要调查某些后果是否随信心而来，那么，不厌其烦地重复指出那些后果（若然真的出现）的确随信心而来，只会徒劳无益。假如信心是条件之一，没有信心的人绝对可以就此放声大笑（此乃合情合理），但他们无权作出判断。你可以说，一个相信神迹的人与醉酒的人同样糟糕；可是，假如你要从醉汉身上抽取心理的事实，经常嘲笑他们醉酒只会流于荒谬。假定我们正在调查愤怒的人眼前是否真的出现红雾，假定六十个优秀的住户断言发怒时会看见这种深红色的云尘，而你指出："噢，那就是说你承认那时候你生气哦！"这种答辩肯定是荒谬的。不信的人倒不如（以洪亮的合唱声）质问："那我们到底怎样可以在不发怒的情况下，晓得发怒的人是否看到红色呢？"圣人和苦行者或会理性地回答："假设提出的问题是相信神迹者有否看见异象——你关注的既然是异象，又何须咄咄针对相信的人？"你岂不又在循环论证，即在本书开首部分所说的那个古旧又疯狂的圆圈中打转。

神迹可曾发生的问题是一个普通常识和一般历史想象的问题，物理实验绝不能提供最终的答案。说到这里，我们绝对可以摒除一个不长脑子的、拘泥形式的说法：所谓灵界现象必须符合若干"科学条件"，方可视为真实。我们若问：一个死去的灵魂能否跟一个活着的灵魂沟通？答案如若是：这种事情必须在没有两个活着的灵魂在知觉上认真地彼此沟通的情况下才能发生，那就显得滑稽可笑了。鬼魂喜欢黑暗的事实不会否定鬼的存在，正如情人喜欢黑暗不会否定爱的存在。你若偏要说："我不会相信布朗小姐曾以小滨螺（periwinkle）或任何其他亲昵语称呼她的未婚夫，除非她可以在十七个心理学家面前重复说一遍。"我将这样回答你："很好，如果那是你订的条件，你将永不知道真相，因为她肯定不会这样做。"在一个冷漠的环境下，某些感应没有出现极其正常，为此大惊小怪是一种既不科学又不哲学的态度。这好比说：我不能分辨有没有雾，因为空气不够清新；又好比说：为了看清日蚀的全貌，我坚持要有十足的阳光。

我本着普通常识，认为世上确有神迹发生；这个结论就像关于性或子夜的结论一样，大家都知道很多细节本质上是秘而不宣的。我不得不作出这样的结论，因为不同的事实是如斯地不谋而合。一项事实是碰见小精灵或天使的不是神秘主义者和病态的梦想家，而是渔夫、农夫及各种或粗鲁或谨慎的人；另一项事实是我们全都认识一些并非招魂的巫师而为灵界事件作证的人；又一项事实是科学本身一天比一天承认神迹的存在。科学甚至会承认"耶稣升天"(Ascension)，假如你称之为"升空飘浮"(Levitation)；又极有可能承认耶稣复活，假如能想出另一个术语，我建议用"电疗再生"(Regalvanisation)。在众多事实中，最强而有力的是前文提及的那个进退两难的困境：否定超自然事物者从来都只基于两种理由：一个是反民主的观念；另一个则是唯物论的教条——我会称之为唯物论神秘主义。怀疑论者往往站在以下其中一种立场：要么认为毋须相信普通人；要么认为超凡之事一定不能相信。除此之外，我希望在此打发那个以伪神迹来否定神迹的论点。单单概述诈骗的伎俩、媒介、诡计，无论怎么说都算不上什么论点。如果一个假鬼能证明没有灵界，一张伪钞亦足以证明没有英伦银行；假鬼或伪钞如果能证明什么，那只会是鬼魂或银行的存在。

假定我们相信这种灵界的现象确实存在（我持有的证据虽然复杂但合于理性），下一步就会撞上这年代最可怖的精神祸害。19世纪最严重的灾难，是人类渐渐将"灵性"一词等同"美好"一词。他们认为变得净化和非物质化，就等同在德行上有所长进。科学进化论发表的当儿，有些人担心它助长兽性的膨胀。情况比他们想象的更恶劣：它鼓吹了灵性的膨胀。科学进化论叫人认为，人类既然已告别猿人，理应走向天使。殊不知告别猿人，可以是走向魔鬼。这一点可从一位足以代表这个迷惑时代的天才充分展现出来。狄斯雷利①说他是站在天使的一方。他说得一点不错，他的确是，他站的正是堕落天使的一方。他不是站在任何本能欲望或动物兽行的阵营，而是站在地狱之王扩张主义的阵营；他站的是那个傲慢而神秘、鄙视人间一切显见的美事的阵营。我们只能推想，在这种堕落的骄傲与极大的谦卑之间，存在着各种形状相异、大小

---

① Benjamin Disraeli（1804—1881），英国政治家及小说家，两度担任英国首相。第二次任职期间，取得了苏伊士运河一半的股权，并在柏林召开的欧洲会议上，取得对英国的全面让步。著有《西比尔》(Sybil)、《薇薇安·格雷》(Vivian Grey)、《康宁斯比》(Coningsby) 等。

不同的神灵。人类碰上他们，有如在远方的大陆碰上各式各样的人种，自然会犯着类似的错误。最初必然难以分辨孰尊孰卑。如果一个亡灵从阴间冒起，凝视着皮卡迪利大街①，他一定不太明白普通的箱型马车是怎么一回事。他可能以为坐在前面的车夫是胜利的征服者，拖在背后的是一个被关押着的、满口怨言的俘虏。因此，当我们初次接触灵界的事实，我们或会弄错谁是至高无上的。寻找神灵是不足够的；神灵是明显不过的事实；我们必须寻找神——神灵中至高无上的神。由于要发掘何谓真正自然的事物，我们必须对超自然现象拥有丰富的历史经验。循着这方向，我发现基督教的历史，连同其起源于希伯来人的史实，都是相当务实明确的。你若告诉我希伯来人的神只是众神之一，我不会感到困惑。我晓得他是，毋须任何研究告诉我。耶和华和巴力②看似同样重要，有如太阳和月亮看似一样大小。我们渐渐明白，无边无际的太阳才是地球的母星，微小的月亮只不过是我们的卫星，跟太阳完全不能相比。

然后，我走进我所相信的神灵的世界当中，就如走进人类的世界当中，寻找我喜欢的或认为是美好的事。仿佛要在沙漠中寻找清水，或在北极苦苦地建造炉火，我寻寻觅觅于空无和异象之地，直至找到如水新鲜、如火温暖的东西；直至在永恒中找到真正舒适自在的地方。人世间就只有一处这样的地方。

我在一般护教学的范畴中所持相信基督教的理由，我已用了不少篇幅（向那些需要这种解释的人）陈说。总的来说，在纯实验的记录中（假使大家能以一种民主、不带鄙视或偏爱的态度加以看待），首先，有证据显示神迹确实存在；其次，较宏伟的神迹来自我们的传统。当然，说到我宁可接受基督教而不单单像摘取儒家思想的精髓般抽取基督

---

① 皮卡迪利大街（Piccadilly），伦敦市一条以流行商店、俱乐部闻名的街道。
② Baal，古代中东民族所崇奉主司化育之神。

教的美善，我不会佯称如此简要的讨论就概括了我接受基督教真正的理由。

我相信基督教，有一个远比从系统摘取线索更实在更重要的理由。这个理由是：基督的教会与我的灵魂有一种真实的关系，她是我活着而非死去的老师。昨天，她确实给予我教导；明天，又肯定会再教导我。曾经，我赫然看见十字架形状的意义；某一天，我或许赫然看见主教头冠形状的意义。一个清闲的早上，我看懂了窗子何以是尖的；某个晴朗的清晨，我或可看懂修士何以削发。

柏拉图曾经告诉你一个真理；但柏拉图已死。莎士比亚曾经借一个意象带给你惊喜，但莎士比亚再不能给你另一个。试想想这些人仍活着而你又与他们一同活着的情景：柏拉图明天会突然出现在讲台上作全新的演说；莎士比亚随时会作一首独一无二的诗歌叫天旋地转。一个相信活着的教会而又天天与这个教会保持接触的人，就是一个常常期待明天可在早餐桌上碰见柏拉图和莎士比亚的人。他常常期待着看见一些从未见过的真理。

类似的情况只有一种，那就是我们自幼成长的生命。当父亲在园子里闲逛时告诉你蜜蜂蜇人或玫瑰馥郁，你不曾谈论如何从他的哲学中摘取精华。当你被蜜蜂蜇伤，你不曾称之为相当有趣的巧合。当玫瑰散发馥郁的香气，你不曾说："我的父亲是一个原始、半开化的象征，秘存着（也许不自觉地）花有香气这种深邃而细微的真理。"你不曾这样：你相信父亲，因为你发现他是事实的活泉；活泉晓得的事情当然比你多；活泉明天将如今天般把真理告诉你。你的父亲若然如此，你的母亲必然更甚；至少我的母亲就是这样，而这本书正是献呈给她呢！

如今，当社会小题大做，毫无建树地谈论着女人屈从的问题，可曾有谁提及每个人的成长都应归功于女人的专政和特权？一直以来，教育俱由女人独自统治，及至教育变得效用不大，这个局面才有所改变：在一个男孩学不了什么的阶段，我们才把他送到学校去接受教育。那时候，真正的事情已经办妥了；感谢神！那差不多全是女人的功劳。每个男人甫出生便带着女性的特质。有些人提及男性化的女人；其实每个男人都是女性化的男人。假如有人走到英国议会大楼抗议女性这种特权，我断不会加入他们的行列。

  我清楚记得这个不变的心理事实：我最受女性权力影响的日子，恰恰是我最充满热情和探险精神的时光。这正因为当母亲说蚂蚁咬人，蚂蚁真的咬人，而冬天真的（一如母亲所说）下雪；因此，整个世界对我来说就是一个充满奇妙历程的仙境，我就像活在希伯来人那个预言一个接一个应验的年代。孩提的我走到园子里，由于有线索在手，整个地方显得异常可怖；若无线索，园子就不觉可怖，只会显得平平无奇。一个无意义的、杂草丛生的花园一点也没有吸引力。然而，童年的花园确实使人着迷，因为每件事物都有固定的意义，并可被逐一发掘出来。一点一滴地，我逐渐发现那柄貌甚丑陋叫做耙的物体有何用途，又渐渐对父母养猫的动机作出某种朦胧的猜想。

  自从我把基督教世界视作我的母亲而不是一个碰巧遇上的例子，我发觉欧洲和这个世界又再度好像我的小花园：昔日我在那里凝视花猫和铁耙富象征意义的形状；今天我怀着昨日小精灵的无知和期待细看每件事物。这个或那个仪式或教义看上去或许像铁耙一样丑陋而不平凡；但我从经验里得知这些事物最终会叫土地开出花草。一个牧师表面上可能像花猫般没有用处，但他可能也像猫儿般使人着迷，因为总该有某个奇怪的原因叫他存在。就让我从千百个例子中举出一个来说明一下吧。我本人对肉体上的贞洁并无丁点儿天生的狂热，虽然童贞肯定是历史上的基督教其中一个基本特征。然而，当我观察的不是自己而是世界，我发觉这份狂热并不仅仅是基督教的特征，而且也是无宗教信仰者的特征，亦是许多领域里高尚人格的特征。怀着贞洁的情操，希腊人刻了阿耳忒弥斯①的塑

---

① Artemis，希腊宗教中掌管野生动物、狩猎和植物生长的女神，也是贞操和分娩的女神。

像；罗马人给维斯塔的贞女①穿上长袍；伊丽莎白时期最差劲最疯狂的大剧作家借文字奉女性的纯洁为世界主要的柱石。更甚者，现代社会（尽管常讥笑性的无知）对性的纯洁抱有一种几近盲目崇拜的态度，这种态度活现于现代人对儿童的崇拜。凡是喜爱儿童的人都会同意：丁点儿的性欲都会有损小孩子特有的美丽。

这一切人类的经验与基督教的权威结合起来，叫我不得不作出以下的结论：教会是正确的，我是错误的；或者说，教会是整全的，我是有缺陷的。教会是由林林总总的类型建立而成；教会没有要求我独身。至于我不能欣赏独身者这个事实，我会加以接受，就像我接受自己的耳朵不能欣赏音乐。人类最美好的经验仿佛与我无干——有如我对巴赫（Bach）的感应。独身是父亲园子里的一朵奇葩，现在还没有人告诉我它香甜或可怖的名字，但总有一天会有人告诉我的。

总的来说，这正好解释了我为什么接受这个宗教，而不单单抽取基督教散布人世间的真理。我接受基督教，是因为这个宗教不单单指出这个或那个真理，而是向人显示它就是真理的源头。一切其他的哲学指出一些显然看似真确的道理；只有基督教再三指出一些真确却看似不真确的道理。各式各样的信条中，唯独基督教的信条富有说服力却不吸引人，而到最后却证明是真确的——有如父亲在园子里的教导。举例说，神智学者宣扬轮回转世（re-incarnation）等显然十分吸引人的观念；但观其成果，这种观念在逻辑上必然导致灵性的傲慢，以及种姓制度的残忍。人沦为乞丐如果是前生的罪孽所致，乞丐必然受到鄙视。反之，基督教传扬的是像原罪这种显然毫不吸引人的观念；但观其成果，这种观念带来的是怜悯、手足之情，以及如雷鸣般的欢笑与同情；因为只有原罪的观念，才能叫我们既能对乞丐报以怜悯，又不完全信赖国王。科学

---

① Vestals，古罗马宗教所祀奉的女神；维斯塔贞女（Vestal Virgin）则是由6—10岁的女童中挑选出来，选中后要供职30年，并必须守童贞，失职要受殴打，失身要活埋。

家赐予我们健康这个明显的好处；但到后来我们才发现健康意味着奴役身体及精神沉闷。正统信仰使我们在地狱的崖边骤然跃下；到后来我们才知道跳跃是一种极有益身心的运动。到后来我们才知道这种危险其实是一切戏剧和传奇的基础。神圣恩典的说法令人生厌，但惹起的厌恶感正是支持这种说法最有力的论据。细加检视，基督教不受欢迎的部分到后来每每证明是人类重要的支柱。在基督教的外沿，道德上的自我克制连同专业的神职人员严阵以待；但在不合人情的防守里面，你发现人类旧有的生命像孩童般跳舞，像成人般喝酒；因为只有在基督教的框架内，无宗教信仰者才得享自由。现代的哲学恰恰相反，其外沿渗透着艺术和自由的气息，内里却是无边的绝望。

无边的绝望，是因为无法真正相信宇宙有丝毫意义；因此不能期待遇上什么传奇；现代哲学的虚构小说是不会有情节的。人不能期望在虚无之地有什么奇遇；却可预期在有权力管辖的疆土上屡结奇缘。人不能在怀疑论者的丛林中找到意义，却可在建基于教义、精心设计的森林中发掘愈来愈多的意义。

森林里的一景一物宛如父亲大屋中的工具或图画，系着一条故事的尾巴；因为那里是我父亲的大屋。我辗转回到起步的地方——一个正确的终点。我至少曾经进入一切良好哲学的大门。我亦进入了自己的第二个童年。

基督教这个较宏伟较充满传奇的宇宙还有最后一个标志。这个标志很难言述，但为了总结整件事情，我尝试把它表达出来。一切关于宗教真正的争论，主要围绕着一个问题：一个本性颠倒的人能否分辨什么时候走对路？基督教主要的悖论是人的一般状态不是他正常或最明智的状态；所谓正常本身其实是不正常。这正是堕落最深邃的哲学。

洛奇爵士[①]提出了很有趣的新"教理问答"，其中最先出现的两个问

[①] Sir Oliver Lodge（1851—1940），英国物理学家，首先发明了无线电报。1894年，他虽无法对太阳发射的无线电波加以定义，但1942年此理论则被加以证实。

题分别是："你是什么？"以及"那么，人类堕落是什么意思？"我记得为了自娱写下了自己独特的答案，但随即发现那是破碎的不可知论者的答案。就"你是什么？"的问题，我只能回答："上帝才晓得！"就"堕落是什么意思？"我只能以绝对的真诚回答："我无论是什么，我都不是自己。"这正是我们的宗教最基本的悖论：有一些我们从不完全知道的东西不仅较我们优胜，甚至对我们来说较自己来得自然。我们不能真正加以测试，除非借本书开首那个实验，即那个软壁小室及敞开的门的测试。我是在认识正统信仰后才懂得何谓精神上的释放。总而言之，在喜乐这个基本的概念上，正统信仰别具实用的价值。

有人指出不相信任何宗教就是一种喜乐的宗教，而基督教则是一种哀伤的宗教；要证明不信宗教的人徒具哀伤，跟证明基督徒充满喜乐，同样容易不过。这些争论全无意义，亦毫无结果。人类在每一事物上都能同时找到喜乐和哀伤，唯一值得注意的是两者如何取得平衡或互相抵触。真正有趣的正是这点：不信教的人（大体而言）走近尘世时感到愈来愈快乐，走近天堂时则愈来愈忧伤。最优秀的无宗教信仰者的欢乐是一种永恒的欢乐，心存感激的人类是不会忘记的，这从活泼顽皮的卡图卢斯①和希奥克里特斯②的作品中可见一斑。不过，这种欢乐是关于生命的事实，而不是生命的起源。对无宗教信仰者来说，微小的事物有如奔流山间的小溪般美妙，但广大的事物却如一望无际的大海般苦涩。他们凝望宇宙的核心时会感到不寒而栗。在众多霸气的神灵后面，坐着致命的命运三女神；她们不仅仅致命，简直是死亡的化身。理性主义者指出古代社会较基督教世界文明，从他们的角度来说是正确的，因为他们把"文明"理解为一种笼罩着无边绝望的阴暗。古代社会的的确确较基

---

① Caius Valerius Catullus（约公元前84—前54），古罗马诗人。他的诗作展现了熟练的格律技巧，经常感动凯撒皇帝与政治宿敌。
② Theocritus（约公元前310—前250），古希腊诗人。他的作品有以乡村为背景的田园诗和哑剧，也有以城市为背景的叙事诗、抒情诗及短诗。

督教世界具现代特色。古代人和现代人有一共同的联系，就是两者都认为存在或一切存有都是悲惨的，而中世纪的人至少对存在感到快乐。我坦然同意无宗教信仰者有如现代人一样，只认为"存在"是悲惨的，对"存在"以外的事物却感到相当欢欣。我承认中世纪的基督徒只与"存在"和平共处，对"存在"以外的事物却作战到底。假如问题触及宇宙主要的中心点，那么，佛罗伦萨狭窄而血腥的街道，无疑较雅典的剧场及伊壁鸠鲁①开放的花园富有宇宙的满足感。乔托②住的城镇虽然较欧里庇得斯③的阴暗，但他是活在一个较快乐的宇宙中。

　　大部分人都是迫于无奈地为小事快乐，为大事哀伤。然而（我大胆提出最后的义理），人的本性并非如此。当喜乐占据心灵、悲伤不足为道的时候，人才较像自己、较有人气。忧郁应该是无伤大雅的插曲，是纤纤心灵刹那的漂泊；而灵魂应该永远颤动着不息的赞美。悲观充其量也只是情绪的半天休假；喜乐则是喧嚣的、万物赖以存活的劳动果实。然而，在无宗教信仰者或不可知论者的眼中，从人类表面的状况看，人性这种基本的需要永远不能得到满足。喜乐本是向外展开的；但不可知论者以为欢乐一定是限缩的，限缩于世界上的某一个角落。哀伤本是集中一处的；但不可知论者以为悲哀遍布于不能想象的永恒中。这就是我所说的本性颠倒。怀疑论者的确如一些人所说的乱七八糟，因为他们双脚在无意义的狂喜中向天舞动，而头颅则沉陷在无底的深渊中。对现代人来说，天空其实在大地之下。原因很简单，现代人正用自己的头来站立；头颅当然是一个非常脆弱的支座。一旦找回自己的双脚，他们就会恍然大悟。基督教突然又完全地满足人类祖先传下来那种要走得正确的

---

① Epicurus（约公元前342—前270），古希腊哲学家、伊壁鸠鲁学派的创始人。伊壁鸠鲁成功地发展了阿瑞斯提普斯（Aristippus）的享乐主义，并将之与德谟克利特的原子论结合起来，其学说的主要宗旨就是要达到不受干扰的宁静状态。
② Giotto di Bondone（约1266—1337），意大利画家与建筑师，被认定为是意大利文艺复兴的开创者，被誉称为"欧洲绘画之父"。
③ Euripides（约公元前480—前406），古希腊剧作家，与埃斯库罗斯和索福克勒斯为希腊三大悲剧作家。他写下92部剧本，流传至今的有19部。如《阿尔克提斯》(Alcestis)。

本能；基督教的信条使喜乐变得巨大无比，使忧伤变得特殊而无足轻重，祖传的本能因而彻底得到满足。宇宙并非傻子，我们头上的穹苍不是充耳不闻的；这个世界并非了无终点漫无目的，天地间的静默并非冷峻而无情。反之，我们四周的静默只是一种微不足道的安静，有如病房内的安静一样，稍纵即逝。悲剧就像慈悲的喜剧般降临到我们身上，因为神圣的事物那种疯狂的活力有如喝醉了的闹剧般，把他们撞倒在地上。我们不妨抱着轻松的心情，像观看天使在半空中翩翩飞翔般轻看自己的眼泪。也许，我们正坐在一个繁星密布的小室内，而穹苍那极其响亮的笑声远非我们所能察听呢！

喜乐——这个无宗教信仰者的小卖点，其实是基督徒巨大的奥秘。我快要写完这叠混乱的书稿的一刻，再次打开那本揭示基督教一切奥秘的小书；一种确切的信念再次萦绕心间。福音书那位伟大的人物无论在任何一方面都高耸于所有曾自以为崇高的思想家之上。他的怜悯是自然而然甚至近乎漫不经心的。古今的斯多葛派学者都以掩藏眼泪为傲。他却从不隐藏眼泪；当他平日凝望又或遥遥眺望本身所属的城市时，泪水会毫不掩饰地流淌在脸上。然而，他掩藏了一样东西。严肃的超人和威严的外交家以抑制怒火为荣。他却从不压抑愤怒。他把家具推倒在圣殿前的台阶上，又质问世人怎能逃避地狱的诅咒。然而，他抑制了一样东西。我带着崇敬的心指出：串连着这碎裂的个性的，是一条应该称为腼腆的缝线。他走到山上祷告的时候，对全人类隐藏了一样东西。他在骤然的静默或突发的孤绝中，经常掩盖着一样东西。神走在我们的尘土上时，有一样东西实在伟大得不便展示人前；有时候，我幻想那是他欢乐的笑声。

浮荡于喜乐的半空：
阅读与翻译本书的乐趣
（译后记）

> 喜乐——这个无宗教信仰者的小卖点，
> 其实是基督徒极大的奥秘。
>
> ——切斯特顿

面对基督教正统信仰的神学思想及其引申出来的思辨，我们或许抱有三种态度。第一种是认为坚定的信念超越知识的寻索，无止境的理性讨论是徒劳无益的；第二种是认为此乃神学家的任务，一般信徒不免只能对那些艰涩的护教巨著敬而远之，又或作提纲挈领式的硬读；第三种是认为信徒的焦点应该是真实的经历与心灵的体验，护教这种高层次的思考活动，并非一般信徒所能从事的。不管持哪种态度，都只会落得一种结果：我们都错失了从思考正统神学而来的活力与惊喜。

切斯特顿的《回到正统》，恰好是对上述三种态度的反讽。首先，这部作品揭示坚定的信念与知识的探求并无冲突，滔滔的思辨其实有助于解开基督徒喜乐的奥秘；其次，护教巨著不一定以线性的逻辑呈现哲学思维，它可以是意象式、感悟式、散射式的心灵组图；再者，思考神学不必等同于高深枯燥的智力活动，探问的过程可以是一个走进心灵深处的浪漫旅程。

当然，要参悟《回到正统》是不一样的护教经典，读者须抱有不一样的期望。正如切斯特顿在绪论中开宗明义地指出，该书"不是一系列的推论"，而是以一种"较模糊的个人的方式"陈述他相信基督教的理由，读者当视之为"松散的自传"，而不是"传教的论著"。这部自传见证着的，正是一个"可笑的人"在追寻明显不过的东西时"笨拙得很"的经历：自嘲为笑话主角的作者千方百计要建立一套基督教的"异端邪说"，却在最后修订的阶段发现，那原来就是基督教的"正统信仰"。

那么，我们该如何阅读这部带自传性质的护教经典呢？入乡随俗，读书随其格局。就这问题，至少可以有三种取向。第一种取向是以一双较蒙眬的眼睛，观照这位雄辩滔滔的演说家异乎常人的思考历程。由于作者自言以"较模糊"、"松散"的方式陈述他相信的哲学，读者也许不必在每一环节汲汲于找出从点到点的逻辑，又或作出系统性的分析与推论；这样的进路只会约化了作者丰腴的精神意涵，使《回到正统》沦为一部普通的神学或哲学纲要。就以第二章为例，作者拟道出现代的思想家有如疯子一样，身陷思想的囹圄，无根地、错误地运用理性，以致在自己的逻辑圈子内不停地兜转，包容一切，又遗漏一切。值得注意的是，他并非采用严谨的论说方式加以陈明。反之，作者就"精神失常真正的记号和成分"旁征博引、侃侃而谈：汉韦尔、拿破仑、凯撒大帝、宗教狂热分子苏思考特、坎贝尔牧师、莎士比亚、爱伦坡、考珀、加尔文、吉尔平、荷马、传福音使徒圣约翰、荷尔拜因、德莱敦、佛汉、赫伯特、苏瑟斯、狂舞的托钵僧、血腥玛丽、麦凯布、海克尔……与其匆匆厘清这些名字之间的脉络关系，倒不如从容地随作者漫游于广漠的知识领域，享受散射式思维带来的眼界与震荡。

第二种取向是以一种徐而不疾的节奏，游走于思想纷陈、意象绵密的万千世界。《回到正统》每一页都不易翻开，因为每一句都不易诠释，句与句之间的关系更有待揣摩。唯独富有耐性的读者，才能拐过九曲十八弯，发掘每项细节殖衍出来的独特趣味，然后享受豁然开朗的终极意趣。就像基督教带来的不是廉价的救恩一样，这本书带来的也不是廉价的惊喜。然而，读者若能坚持到底，定会发现这份惊喜唤起的，既是持久的心灵感动，也是奋进的生命力量。以第五章为例，谈到人生的态度，作者先指出悲观主义者的邪恶并不在于狠批诸神和人类，而在于他不爱自己所狠批的；乐观主义者则为了捍卫这个世界的荣誉，不惜捍卫那站不住脚的事情。然后，他指出在基督教的系统里，人无须自贬为悲观主义者或乐观主义者，也可与存在的一切势力搏斗；人既可跟宇宙和平共处，又可与世界作战到底。读者如果不是紧随作者的思路，逐字逐句地仔细阅读，必定不能明白基督徒的喜乐为何又如何超越上述两种宰制人类的主流意识。基督徒那种叫"灵魂仿如春天的小鸟唧吱歌唱"的喜乐，那种把作者"带到婴儿期幽暗住处被遗忘的房间，并照亮了房间里的一切"的认知，也许是对锲而不舍的读者最大的奖赏。

第三种取向是以一种轻柔的幽默感，浮荡于这位非凡的智者天马行空的想象国度。幽默感使人抛开严肃，奔向欢笑。这是切斯特顿一向抱有的信念。正如他在第七章所说，人在沉思时是向下坠落的；人在幻想时是往上飘浮的。因此，人容易在自私的认真中安顿下来，人必须有所提升才能达至忘我的喜乐。《回到正统》的读者必须放开心怀，随作者翱翔于想象力雄奇宏大的天地，才能深切领会那些并不是严肃手法所能揭示的真理。举例说，当切斯特顿在第八章谈到基督教与佛教的分别时，他不是煞有介事地提出一套客观全面的比较，而是借助生动的意象来呈现两者显著的差异："佛教的圣僧虽然拥有线条优美、协调匀称的身形，但一双沉重的瞳仁却给睡眠密封着。中世纪的圣徒虽然外形枯槁、骨瘦如柴，但一对发亮的眼珠炯炯有神，叫人惊诧。"两个截然不同的意象到底意味着什么重大的教义分歧？读者必须具有一定的幽默感，才能充分感悟这种飘浮在半空中的哲理。没有幽默感的读者，在阅读的过程中必定举步维艰；即使勉力踏入了最后一章，也难以彻悟章末的结语："神走在我们的尘土上时，有一样东西实在伟大得不便展示人前；有时候，我幻想那是它欢乐的笑声。"

"基督教的信条使喜乐变得巨大无比，使忧伤变得特殊而无足轻重，祖传的本能因而彻底得到满足。"要悟出个中的真理，读者的参与至为重要。对不一样的经典，当赋予不一样的阅读方式，才能享受不一样的阅读乐趣。对乐在其中的读者/译者来说，翻译《回到正统》最大的乐趣，也许是让另一种语言的读者同享这种不一样的阅读乐趣。

庄柔玉

（香港中文大学翻译系副教授）